AF460680

ACTE V, SCÈNE V.

LE GARS *,

DRAME EN CINQ ACTES ET EN SIX TABLEAUX,

Par M. Antony-Béraud;

REPRÉSENTÉ POUR LA PREMIÈRE FOIS SUR LE THÉATRE DE L'AMBIGU-COMIQUE, LE 23 JUIN 1837.

PERSONNAGES.	*ACTEURS.*
ALFRED DE VITRÉ (LE GARS), général des chouans en Bretagne	M. GUYON.
RABAUD, chef de la 2me demi-brigade de l'armée de l'Ouest	M. ST.-ERNEST.
GILBERT, capit. dans la 2me demi-brig.	M. DELAISTRE.
VANBLAS, agent de la haute police.	M. ST-FIRMIN.
DE BAUVAN, anc. maréchal-de-camp.	M. CULLIER.
LE CHEVALIER DE CHATILLON.	M. ARMAND.
COTTEREAU, chef chouan	M. MONNET.
COURTIN .... idem	M. DEVILLARS.
HUBERT, ancien garde-chasse d'Alfred.	M. GARCIN.
PIERRE LE ROUX (MET-A-BAS), chouan.	M. MONTIGNY.
JEAN BRUNEAU (PETIT-RENARD).	M. FRANCISQUE Je.
LABRE CAGNARD (VIDE-PICHÉ)	M. SALVADOR.
BELJAMBE, sergent	M. BARBIER.

PERSONNAGES.	*ACTEURS.*
THOMAS, aubergiste	M. GILBERT.
LASSALE, lieutenant; MONTABOT, LE COMTE DE***, et autres chefs de chouans.	
Mme DE MONTBRIANT	Mme FIERVILLE.
LA CITOYENNE MARIE DE VERNEUIL, cousine de Vanblas	Mme BLÉ.
MARGUERITE, femme de Cagnard,	Mme GAUTHIER.
JULIETTE, femme de chambre de Marie de Verneuil	Mlle STÉPHANIE.
L'enfant de MARGUERITE	Mlle CAROLINE.
DURAND, espion; AUTRES AGENS; LE MAIRE; ADJOINTS; OFFICIERS DE LA DEMI-BRIGADE; GENTILSHOMMES ET DAMES; SOLDATS; GARDES NATIONAUX; HABITANS; CHOUANS; PAYSANS; VALETS D'AUBERGE ET AUTRES ACCESSOIRES.	

La scène se passe à Fougères et dans ses environs, dans les premiers mois de 1799.

ACTE PREMIER.

Une campagne découverte, traversée au fond par un chemin ombragé d'arbres. En avant, à droite, au premier plan, l'entrée d'une petite auberge bretonne, avec porte et fenêtres ouvrant sur la scène. A gauche, un hangar bas et couvert en chaume, dont on peut apercevoir l'intérieur. Au troisième plan, une clôture à hauteur d'appui, en haie vive, formant, avec le hangar et l'auberge, une espèce d'avant-cour. L'auberge porte pour enseigne une figure de saint grossièrement peinte, avec ces mots : AU GRAND SAINT-LABRE. Au-dessus de la porte sont ces mots : VIVE LE GARS! A BAS RABAUD! etc., etc.

SCENE PREMIERE.

THOMAS, GARÇONS ET FILLES DE L'AUBERGE, *ensuite* MET-A BAS, PETIT-RENARD *et quelques autres chouans armés; puis enfin* VIDE-PICHE.

Au lever du rideau quelques coups de feu dans le lointain. Bruit éloigné de tambours; un grand désordre règne dans l'auberge; à la voix de Thomas, qui paraît à une fenêtre, les garçons et les filles se hâtent de fermer les portes et les fenêtres.

THOMAS. Fermez les portes! fermez les fenêtres! voici les soldats de Rabaud... ou les chouans!.. tous à craindre! tous pillards! Quand nous saurons qui est vainqueur, il sera temps d'ouvrir. Fermez! fermez! les voilà! O Sainte-Vierge d'Auray! ô saint Labre! protégez-moi!.. Les voilà!

Il quitte précipitamment sa fenêtre, Met-à-Bas

* Prononcez *Gâs*.

et Petit-Renard, entrent en scène suivis d'une dixaine de chouans.

MET-A-BAS. Par ici! par ici, les gars! entrez là!... Entrez donc, race de chiens! fourrez-vous bé dans le foin et sous la paille. (*A Petit-Renard.*) Té, fais comme mé. (*Il se revêt d'une blouse, cache ses armes et prend un fouet.*) Les revars rouges pouviont venir à c't'heure.

PETIT-RENARD, *sortant la tête de sa blouse.* Ohé! Pierre le Roux!....

MET-A-BAS. Veux-tu te taire, animal! je te l'avons dit vingt fois : aveuc les revars rouges et les gars, je n'sommes plus Pierre leRoux, mais, jusqu'à nouvel ordre, Met-à-Bas, cettui-là qui n'avons jamais manqué son homme. Té, Jean Bruneau, t'es Petit-Renard, Petit-Renard, entends-tu bé? la terreur des basses-cours et des écus de six francs. Ton cousin Labre-Cagnard, le passionné des gros sous et des pichés de cidre, s'nommont Vide-Piché... et notre nouvieau chef, monsieur de Vitré, est tout bellement le Gars, notre Grand Gars..... et point autre chose, souviens-toi-z'en. (*Aux autres chouans.*) N'oubliez pas ça non plus, l's'autres?

PETIT-RENARD. Eh bé! eh bé! on s'en souvienra.... Mais, dis donc, m'sieur Met-à-Bas, ils nous ont solidement tapés, les revars rouges. Sainte-Vierge! pourvu qu'ils n'aient point repris le convoi encore, douze mille écus en bons louis d'or!

MET-A-BAS. Il s'agit bé d'ça! c'est au Gars que nous devons songer avant tout.

PETIT-RENARD. J' l'ons vu gagner le sentier qu't'as indiqué, avec cette grande dame qui l'aimont tant, notre Gars, mame de Montbriant.

MET-A-BAS. Chut! appelle-la l'armazône : c'est convenu aveuc elle. En v'là une femme! Si t'en parle mal, gare à té!

PETIT-RENARD. Mé? J'l'y sommes dévoué corps et ame, à c'te chère et généreuse grande dame.... l'amajaune, comme tu dis..

MET-A-BAS. Mais où c'qu'il est donc, ton capon de cousin qui devait les guider?

PETIT-RENARD. Il vide sans doute queuque piché par là.... Ah! le véci!

Vide-Piché entre avec une gourde à la main : Petit-Renard la lui arrache; Met-à-Bas lui donne un coup.

MET-A-BAS. Où est le Gars?

VIDE-PICHÉ, *d'un ton pleurard.* Il m'suit par le chemin creux. (*A part.*) Bon! l'un me vole ma gourde, et ce damné brutal de le Roux frappont toujours avant de parler. (*Frappant sur son gousset.*) O bon saint Labre! si on n'avait point là queuques petits gros sous, ça serait à ne point y tenir.

MET-A-BAS, *du fond.* V'là notre Gars, attention!

SCENE II.

Les Mêmes, LE GARS, Mme DE MONTBRIANT.

LE GARS. Appuyez-vous sur moi, Cécile; seriez-vous blessée?

Mme DE MONTBRIANT. Non : un peu de fatigue seulement.... Ah! je crains bien que vous n'ayez plus en moi qu'un pauvre compagnon d'armes.

LE GARS, *à Met-à-Bas.* Dis-moi, sommes-nous en sûreté ici?

MET-A-BAS. Pour un moment, je l'espérons. Dam! si les revars rouges viennent, faudra ruser.

Mme DE MONTBRIANT. Pourquoi les attendre?

MET-A-BAS. J'sommes coupés; ils tenont la route de Fougères et de Saint-Georges. Nous risquerions trop de partir avant la nuit, pour gagner les bois de la Vivetière.

LE GARS. Va toujours un peu sonder le terrain. Nous t'attendrons ici; puis nous verrons si nous pouvons rester ou partir.

MET-A-BAS. C'est dit.

Il s'éloigne après avoir fait signe aux hommes cachés dans le hangar de se tenir prêts à tout.

SCENE III.

Les Mêmes, *excepté* MET-A-BAS.

Mme DE MONTBRIANT. Tenons-nous bien sur nos gardes.

LE GARS. Eh bien! madame, voilà donc ce que me valent vos entreprises de grands chemins? si nous étions découverts, nous serions perdus, déshonorés.

Mme DE MONTBRIANT. Allons donc! n'êtes-vous pas accoutumé à tromper des yeux plus fins que ceux de ce vieux loup de guérite, de ce Jérôme Rabaud, chef de la deuxième demi-brigade que le gouvernement a envoyée contre nous?

LE GARS. Fort beau rôle en effet pour un général! Est-ce pour piller des diligences, madame, et pour arrêter des convois de vivres et d'argent que je suis investi de tous les pouvoirs?

Mme DE MONTBRIANT. Pense-t-on que ces braves gens serviront sans espoir de quelques petites récompenses?

VIDE-PICHÉ, *à part.* Bé dit, l'armajaune!

LE GARS. Ah! j'ai rêvé d'autres périls! c'est une autre gloire que je veux conquérir! Craignons qu'on ne dise un jour : la Vendée enfanta des héros; les chouans ne furent que des brigands. Vous avez compromis mon nom et mon rang, vous dis-je, madame... Une sotte attaque sur un convoi et être battus encore... Une femme telle que madame de Montbriant devrait autrement me comprendre.

Mme DE MONTBRIANT. Plus de ces idées exaltées et chevaleresques, mon ami ; au temps où nous sommes, il faut du positif. Avec des hommes tels que les nôtres..... Mais vous ne m'écoutez plus, Alfred : vous voilà bien loin de moi.. Je le parierais, vous pensez..... à quelque autre femme, peut-être?

LE GARS, *d'un air distrait.* Quoi? que dites-vous? vous pourriez croire?......

Mme DE MONTBRIANT. Eh bien! vous vous taisez? voyons, répondez-moi. Pourquoi, près de moi, cet air rêveur?.. surtout depuis votre retour d'Alençon, où vous êtes allé sans moi et malgré moi, sous le nom et sous les habits d'un jeune artiste dont les papiers étaient tombés entre vos mains.

LE GARS. Je voulais m'assurer par moi-même......

Mme DE MONTBRIANT. Vous y êtes resté trois jours.

LE GARS. Il fallait bien le temps d'examiner.....

Mme DE MONTBRIANT. Une jeune personne.

LE GARS. Ah! ah! une rencontre de voyage!

Mme DE MONTBRIANT. En faut-il plus?

LE GARS. Encore des soupçons jaloux!

Mme DE MONTBRIANT. Dissipez-les au lieu de vous en plaindre.

LE GARS. J'aurais trop à faire.

Mme DE MONTBRIANT. Je vous connais, Alfred de Vitré... Elle est jolie, dit-on?

LE GARS. Mais... oui.... vous seriez de mon avis.

Mme DE MONTBRIANT. Moi? je la hais d'instinct.

LE GARS. Et moi, de fait.. c'est une coquette.

Mme DE MONTBRIANT. Ah! (*Souriant*) Peut-être pis.

LE GARS. Vous êtes sévère ! Je l'ai remarquée en effet, parce qu'on remarque toujours une jolie femme... et je lui ai rendu quelques-uns de ces soins légers qu'autorise la plus simple galanterie. Elle avait paru, je l'avoue, ne pas y être insensible; mais il faut croire que je payai les intérêts de ma mauvaise mine et de mon modeste équipage ; car, tout-à-coup, elle disparut à mes yeux. J'ignore même jusqu'à son nom... si ce n'est celui de... de citoyenne Marie, je crois.

Mme DE MONTBRIANT. Alfred, craignez cette femme!

LE GARS. La craindre?

Mme DE MONTBRIANT. Un complot menace vos jours peut-être.

LE GARS. Oui, oui, je sais.... mais tant d'autres périls les menacent!

Mme DE MONTBRIANT. Le gouvernement veut vous attirer dans quelque piége.

LE GARS. Pour cela, je le crois; mais lequel? c'est ce que vous ne pourriez me dire.

Mme DE MONTBRIANT. Cette femme est peut-être armée de projets perfides...

LE GARS. Quelle idée !

Mme DE MONTBRIANT. Je fais surveiller ses démarches. Que j'aie des preuves... qu'elle tombe entre mes mains...et je la tue!

LE GARS. Vous!

Mme DE MONTBRIANT. Moi.

LE GARS. Vous en seriez capable.

Mme DE MONTBRIANT. Oui : pour vous, pour moi, pour notre cause.

LE GARS. La jalousie vous égare.

Mme DE MONTBRIANT. Elle m'éclaire. Mais d'ailleurs s'agit-il donc ici des seuls intérêts de notre.... de mon amour? Alfred, vous avez affaire à des hommes qui ont abandonné aisance, richesses, parens, famille, leurs femmes, leurs enfans : pensez-vous donc qu'ils se seront séparés de tout ce qui fait le charme et le bonheur de la vie, pour se voir, jouets dociles et joyeux, soumis aux chances de capricieuses amours?

LE GARS, *comme à lui-même.* Ceci devient intolérable!

Mme DE MONTBRIANT. Vous êtes leur unique espérance : par vous, ils marchent à l'échafaud ou à une immortelle gloire. Alfred, songez-y ! déjà plusieurs de vos lieutenans, Cottereau, Montabot, Bauvau, Courtin murmurent : ils disent qu'un si jeune chef......

LE GARS, *avec impétuosité.* Leur a déjà montré comment il faut servir et combattre! Mais savez-vous aussi, madame, ce qu'ils disent de vous?

Mme DE MONTBRIANT. Laissons des propos......

LE GARS. Ecoutez ! « Nous l'avons vue, disent-ils, au milieu du feu le plus vif. Sa beauté égale son esprit, et cet esprit sait concevoir et exécuter les projets les plus hardis; mais sa politique et son amour sont tour à tour aux ordres l'un de l'autre. Ennemie implacable, amie despotique, elle immole tout à sa volonté.» Chacun d'eux vous redoutait; mais Alfred de Vitré...

Mme DE MONTBRIANT, *versant des larmes.* Continuez, monsieur! insultez à plaisir une femme qui s'est mise en votre pouvoir.....

LE GARS. Des larmes!... Allons, Cécile,

laissez-les moi essuyer..... pardonnez-moi.

Mme DE MONTBRIANT. Mon seul crime maintenant, ingrat, est de vous trop aimer.... et j'en suis cruellement punie!

LE GARS. J'ai tort, j'ai tort... plus de querelles, Cécile! j'ai tort, j'en conviens : mais, de grâce, ne me parlez plus de cette jeune fille... que je ne dois plus revoir sans doute.

Mme DE MONTBRIANT, *souriant.* Bien vrai? Vous l'avouerai-je, Alfred? ne vous fâchez pas! Lorsque vous avez si facilement consenti à notre embuscade sur la route d'Alençon, j'ai pensé....

LE GARS. Que je voulais vous obéir et vous plaire.

Mme DE MONTBRIANT. Que l'espoir de rencontrer certaine calèche qui suivait cette route, et qui renfermait quelque belle voyageuse.....

LE GARS. Encore! (*Remontant la scène.*) Pierre le Roux ne revient pas.

Mme DE MONTBRIANT, *à part.* Perfide! (*Haut.*) Alfred, on vous l'a dit : vous ne périrez que par l'amour.

LE GARS, *d'un air de fatigue et d'ennui.* (*A lui-même.*) En effet, je commence à le croire...

Mouvement parmi les chouans en vedette au fond.

SCENE IV.

LES MÊMES, MET-A-BAS, *puis* THOMAS *et* LES GARÇONS ET FILLES DE L'AUBERGE.

MET-A-BAS, *accourant avec Petit-Renard.* L'ennemi! l'ennemi!

PETIT-RENARD. Les revers rouges!..

MET-A-BAS, *accourant.* J'ne pouvons ni les éviter ni les combattre.... il faut les tromper. (*Il va frapper à la porte de l'auberge avec Petit-Renard et Vide-Piché.*) Holà! hé! amis! c'sont d's'amis, qu'on vous dit! ouvrez! ouvrez! ou sinon...

Ils continuent de frapper violemment ; la porte s'ouvre enfin : Thomas sort timidement; Met-à-Bas le saisit par le bras pour le faire avancer ; l'aubergiste s'incline en tremblant devant lui; Vide-Piché remet à un garçon d'auberge le porte-manteau du Gars que Met-à-Bas avait déposé sur le banc à droite.

LE GARS. Allons, préparons-nous à recevoir les soldats de Rabaud, et rendons méconnaissable à leurs yeux leur plus mortel ennemi.

Mme DE MONTBRIANT. Pas d'imprudence! avez-vous là ce passeport?..

LE GARS. De Mortagne? vous m'y faites penser. Entrons, et voyons quel parti nous pourrons en tirer.

Il entre dans l'auberge ; Mme de Montbriant va le suivre, lorsqu'en entendant au loin le bruit d'une voiture, elle remonte la scène et regarde au fond.

Mme DE MONTBRIANT. Encore cette calèche! Pierre, à moi!

Elle dit quelques mots bas en indiquant la voiture avec un geste violent, puis elle entre dans l'auberge.

PETIT-RENARD, *à Met-à-Bas.* Qué qu'alle t'a dit?

MET-A-BAS. C'est encore pour c'te voiture qu'alle nous a fait suivre hier depuis Mayenne. I faut surveiller ça.

PETIT-RENARD. C'est dit, puisqu'alle commande et qu'alle paie.

THOMAS, *qui a aussi remonté la scène au bruit, appelant.* Holà! Jean, François! Nicolas! Suzanne! arrivez donc! voilà des voyageurs, une voiture...

MET-A-BAS, *l'arrêtant.* Ah çà! c'est convenu? tu sais c'qu'il faut dire et taire... un mot de trop, tu m'connais?...

THOMAS. Suffit!... je ne demande pas mieux que d'être neutre.

Un valet d'auberge passe avec deux paniers remplis de comestibles ; Met-à-Bas s'en empare.

MET-A-BAS. Il nous faut aussi des vivres à nous.

THOMAS. Mais, monsieur Met-à-Bas...

MET-A-BAS, *donnant les deux paniers à Petit-Renard.* Paix! c't'hangar n'a-t-il point une autre issue?

THOMAS. Oui.

MET-A-BAS. Bon! oup!

Il entre sous le hangar avec Petit-Renard et Vide-Piché.

SCENE V.

LES MÊMES, MARIE DE VERNEUIL, VANBLAS, BELJAMBE, JULIETTE, SOLDATS.

Entrée d'un détachement de soldats. Vanblas, mis en INCROYABLE, avec Marie et Juliette.

PETIT-RENARD, *sous le hangar.* Queu belle dame! c'est p't'être la femme du directoire?

MET-A-BAS. Imbécile! le directoire n'étiont point marié.

PETIT-RENARD. Tant mieux; il n'aura point d'enfant.

MARIE, *descendant la scène.* Pourquoi nous arrêter ici?

VANBLAS, *grasseyant et du ton fat des muscadins de l'époque.* Mon ado'able! nous devons attend'e l'a'ivée du commandant, de ce bon Jé'ôme Rabaud et de ses b'aves... Diable! il ne fait pas bon voyazer sans une esco'te nomb'euse... Mais comment vous t'ouvez-vous, mon aimable cousine? c'est que nous avons manqué, ma petite pa'ole panachée, d' êt'e engazés dans la fusillade.

MARIE. Oh! je n'ai pas eu peur.

BELJAMBE, *à Vanblas.* Toi, citoyen civil, c'est une musique qui ne paraissait pas trop de ton goût.

VANBLAS, *d'un air piqué.* Toi, citoyen qui n'es pas civil, on n'a que faire de vos... de tes avis.

JULIETTE, *souriant.* Il est vrai que le citoyen Vanblas ne semblait pas très-rassuré.

VANBLAS. Pour vous, chère Ma'ie.

MARIE, *souriant.* Soit; vous aviez peur... pour deux.

BELJAMBE, *à Juliette.* Le citoyen mirliflor peut se vanter que son visage n'est pas bon teint, car il change joliment au feu.

VANBLAS, *à Thomas.* Il pa'aît que les b'igands se montrent en fo'ce par ici?

THOMAS. Ah! dam! monsieur le citoyen, il y a souvent du tapage entre les revers rouges... j'veux dire entre nos braves soldats et les gars..... j'veux dire les brig..... (*il jette un coup dœ'il inquiet vers le hangar où il aperçoit les yeux menaçans de Met-à-Bas*) j'veux dire les chouins; et depuis queucque temps c'est plus fréquent que jamais.

A chaque mot, il regarde furtivement du côté du hangar.

MARIE. Depuis quelque temps?

THOMAS. Depuis... j'veux dire...je dis...

VANBLAS. Eh bien! pou'quoi ces rencont'es sont-elles devenues plus f'équentes

THOMAS, *bas.* Depuis l'arrivée dans le pays d'un nouveau chef..... (*haut.*) d'un noble et grand seigneur qui... (*plus bas*) j'veux dire d'un ci-devant...... (*haut*) jeune, brave, intrépide...

MARIE. Ah! oui, j'en ai entendu parler. On ne le désigne que sous le nom du Gars.

VANBLAS, *à Thomas.* Tu as vu des chouans, aujourd'hui?

THOMAS. Des chouins?

VANBLAS, *d'un ton naturel.* Des chouans, des chouins, des chiens, peu importe; tu en a vus?

THOMAS. Oui... (*Geste menaçant de Met-à-Bas.*) non... j'veux dire...

VANBLAS Réponds, ou je te fais fusiller!

MARIE. Ah! monsieur Vanblas! quelle menace! Retirez-vous, brave homme, et ne craignez rien.

THOMAS. Merci, ma belle dame..... je cours à mes fourneaux. (*A part.*) Ouf! j'l'ai échappée belle.

BELJAMBE, *le retenant.* Un moment, mon vieux; vous allez donner à boire aux anciens!

THOMAS, *à part.* Ah! bonne sainte Vierge! à ceux-là aussi.... j'suis ruiné!

BELJAMBE, *à deux soldats.* A moi, les autres! un tour à la cantine.

Beljambe entre dans l'auberge, en sort dans le courant de la scène suivante, et distribue des vivres.

SCENE VI.

LES MÊMES, *excepté* BELJAMBE *et* THOMAS.

MARIE. En vérité, Vanblas, vous m'étonnez de plus en plus! vous parlez partout en maître. Seulement chargé, dites-vous, de l'inspection des approvisionnemens de l'armée de l'Ouest, vous exercez partout la plus singulière influence : les commandans militaires semblent forcés de vous obéir.

VANBLAS, *souriant.* Fo'cés..... c'est le mot.

MARIE. Pourquoi m'avoir fait quitter si brusquement Alençon?

VANBLAS. Ah! ceci, c'est aut'e zose. Pou'quoi? pendant mon dernier voyaze à Pa'is, on m'a rapporté qu'un certain zeune homme, un a'tiste, un peintre... que sais-je! avait été admis près de vous...

MARIE, *troublée.* O ciel! étais-je donc soumise au plus odieux espionnage?

VANBLAS. Ah! quel mot! dites f'ater-nelle su'veillance. Z'ai appris même que ce zeune faquin en avait azi assez cavalièrement avec vous.

MARIE. Eh bien! parce qu'un jeune fat s'est conduit à mon égard avec la plus impertinente étourderie, faut-il que vous supposiez...

VANBLAS. Je ne suppose rien... s'il vous a déplu.

MARIE. Eh bien! oui... il m'a déplu, souverainement déplu; mais votre conduite ne me déplaît pas moins, monsieur.

VANBLAS. Monsieur! ah! Ma'ie, appelez-moi donc touzours votre cousin, votre bon cousin Vanblas.

MARIE. Suis-je donc tout-à-fait en votre pouvoir?

VANBLAS, *vivement et voulant lui prendre une main qu'elle retire.* Sous ma p'otection, ma divine amie, sous ma p'otection dévouée, a'dente... (*A part, de sa voix naturelle.*) Je m'oublie et je me livre. (*Haut.*) Eh mais, que diable! ma cha'mante, ayez un peu de confiance en moi... (*A Juliette.*) Et toi, Zuliette, sa confidente et son amie, persuade-lui donc...

JULIETTE, *avec aigreur.* Moi, je ne me mêle pas des secrets de ma maîtresse : vous et moi nous ne sommes pas cousins.

MARIE. Vous avez, sans doute, acquis de justes droits à ma reconnaissance. Pauvre orpheline, je n'osais pas même invoquer ici la mémoire de mon père, car les nobles de ce pays, et surtout l'orgueilleuse famille de Vitré... (que je hais ce nom!)

VANBLAS, *à part.* Bien!

MARIE. Reprochaient au duc de Verneuil d'avoir embrassé d'abord le parti de la révolution. Abandonnée de tous, sans appui, sans ressources, je m'etais réfugiée avec ma Juliette dans ce pays, au village où fut élevée mon enfance, auprès du tombeau de ma mère : vous vîntes seul à mon secours. Présentée par vous aux puissans du jour, je pus reprendre le nom de mon père...

VANBLAS, *de sa voix naturelle.* Avec l'espoir certain de rentrer bientôt dans les biens immenses qu'il possédait dans ces cantons.

JULIETTE, *à mi-voix, à elle-même.* Oui, c'est là le point capital.

MARIE. Je n'ai rien oublié : mais, pour prix de tant de services, qu'attendez-vous de moi? voulez-vous donc me faire payer vos bienfaits?

VANBLAS, *jouant la délicatesse offensée.* Ah! quel soupçon cruel!... Mademoiselle de Verneuil, si telles sont vos pensées sur Vanblas, il n'a plus rien à vous dire... il ne vous retient plus... séparons-nous.

JULIETTE, *bas à Marie.* Prenez-le au mot!

VANBLAS. J'ai besoin que votre confiance à mon égard soit entière ; mais dès qu'une fois vous pensez...

MARIE. Taisez-vous, Vanblas! taisez-vous ; cet air de dignité blessée vous va mal. Vous avez dans ma reconnaissance un avocat qui plaide mieux pour vous que vous-même. Je veux vous croire toujours mon bon parent, mon ami sincère, dévoué. Mais, dites, pourquoi vous entourer sans cesse de tant de mystères?

VANBLAS, *à mi-voix.* Ils s'éclairciront en temps et lieux. Pour le moment, qu'il vous suffise de savoir que je suis chargé de la plus importante mission. Vous devez y jouer un grand rôle, Marie...

MARIE. Moi!

VANBLAS. Vous. La mémoire de votre père calomniée par d'indignes rivaux, votre amour pour la liberté, tout vous en fait un devoir. (*Tirant un papier de son portefeuille.*) Tenez, pour vous donner une idée du pouvoir qu'on vous confie, jetez un coup d'œil sur ce papier. On me l'a remis dernièrement à Paris pour vous. En exigeant votre confiance, j'ai voulu vous donner la plus forte preuve de la mienne : j'ai voulu que votre volonté fût indépendante. Avec ceci, vous pourrez défendre l'innocent, punir le coupable... sauver la France peut-être... vous couvrir de gloire... (*mouvement de Marie*) oui, de gloire, tout en acquittant à l'égard de vos protecteurs la dette de la reconnaissance, et en assurant votre fortune et la mienne. (*Il lui remet un papier cacheté.*) Etes-vous satisfaite?

MARIE, *prenant le papier.* Si tout ce que vous me dites est vrai...

VANBLAS. Encore des doutes?

MARIE. Non! non! je suis profondément touchée de votre conduite.

VANBLAS. Lisez donc, et jugez-moi mieux... (*A part.*) Elle viendra peu à peu où je veux la conduire. (*Haut, d'un ton muscadin.*) Ze vous laisse un instant, mon ado'ée; ze vais voir là-dedans si nous pou'ons trouver un repas à peu près confo'table pour vous et pour les amis que nous attendons. (*Marie veut le suivre : il l'arrête.*) Oh! non, n'entrez pas encore : ordinairement ces aubè'zes de B'etagne ne sont que de vrais chenils à rouliers... laissez-moi m'assu'er que celle-ci est digne de recevoir une des plus zolies femmes de Pa'is.

Il baise la main de Marie et entre dans l'auberge.

SCENE VII.

MARIE, JULIETTE *en avant;* BEL-JAMBE, SOLDATS *au fond.*

JULIETTE. Est-ce que vous n'êtes pas curieuse de lire le papier que le citoyen Vanblas vient de vous donner?

MARIE. Voyons. (*Elle ouvre, et lit avec une surprise graduée.*) « Les officiers de tout » grade, les administrateurs des districts, » et en général toutes les autorités civi-» les et militaires des départemens de » l'Ouest, et spécialement de tous les can-» tons où se trouvera le chef des chouans, » l'ex-marquis Alfred de Vitré, désigné » sous le nom du GARS, prêteront secours » et assistance à la citoyenne Marie Ver-» neuil, et se conformeront en tout aux » ordres qu'elle pourra leur donner. Le » citoyen Vanblas est chargé de veiller à la » stricte exécution de cet arrêté... »

JULIETTE. Tiens! en voici bien d'une autre à présent! le singulier passeport!

MARIE. Juliette, que penses-tu de tout ceci?

JULIETTE. Toutes ces manigances ne me plaisent guère plus que votre cousin Vanblas... qui ne me plaît pas du tout. Il est venu vous remettre en tête je ne sais quelles idées d'ambition...

MARIE. Ah! qu'il soit béni pour m'avoir rappelé ce que je devais au nom et à la mémoire de mon père.

JULIETTE. Votre père, excusez ma franchise; mais quel égoïste et quel orgueilleux seigneur! Au commencement de la révolution, lorsqu'il recevait encore chez lui le beau monde, il vous fit appeler près de lui... et pourquoi? pour vous traiter en étrangère, sous prétexte que votre naissance n'était pas légitime, et qu'il devait des ménagemens à l'orgueil... ou plutôt à l'avarice de son illustre famille. Aussi y avait-il des bonnes langues qui disaient...

MARIE. Quoi donc?

JULIETTE, *à mi-voix*. Qu'il n'était pas votre père.

MARIE. O ciel!

JULIETTE. Oui... et que vous étiez sa maîtresse.

MARIE. Ah! ma Juliette, que me dis-tu! (*Après un silence.*) Ecoute. Si le duc de Verneuil, forcé de se soumettre à la tyrannie de l'opinion, ne me reçut d'abord que comme une infortunée à qui sa bonté s'intéressait, plus tard, au moment d'être arraché de mes bras, il me reconnut publiquement pour sa fille; un écrit signé de sa main me nomma son héritière. Je le suivis à Paris, je partageai sa prison..... hélas! pour le sauver, je bravai tout... (*En versant des larmes.*) Vains efforts!...

JULIETTE, *baisant la main de sa maîtresse*. Pauvre Marie!

MARIE. Chassons ces cruels souvenirs! Mais, dis-moi, devines-tu quels peuvent être les projets de Vanblas?

JULIETTE. Pardine! ça n'est pas difficile: après vous avoir fait rendre vos biens, il veut vous épouser.

MARIE. Lui! jamais.

JULIETTE. Ah! si du moins il ressemblait.... au peintre d'Alençon!

MARIE. Juliette!

JULIETTE. Ne vous fâchez pas..... mais vous m'avez fait tant d'éloges de ce jeune homme!

MARIE. Son insultante légèreté m'a trop prouvé le peu de prix qu'il attachait à mon estime... et je dois, je veux l'oublier.

JULIETTE. Il ne faut jurer de rien, car...

SCENE VIII.

LES MÊMES, LE GARS, VANBLAS, Mme DE MONTBRIANT.

Le Gars porte la redingote et le chapeau d'élève de l'école polytechnique; Mme de Montbriant un panache tricolore.

LE GARS, *à Vanblas, en sortant vivement de l'auberge*. Comment donc, citoyen! avec plaisir.

Mme DE MONTBRIANT. Puisqu'il s'agit du service public...

LE GARS. Et d'une aimable citoyenne...

Il s'avance vers Marie.

MARIE, *bas*. Grand Dieu! c'est lui! mais sous quel déguisement?...

Mme DE MONTBRIANT, *bas au Gars*. Vous connaissez cette femme? C'est votre conquête d'Alençon?

VANBLAS. Cette misé'able aubè'ze est dépourvue de tout. Heureusement ce zeune officier veut bien partazer son repas avec nous, ainsi que madame..... madame son épouse?

LE GARS. Mon épouse! tu te trompes, citoyen. (*Prenant la main de la comtesse et s'avançant vers Marie.*) Mademoiselle, permettez-moi de vous présenter ma sœur.

MARIE, *à part*. Sa sœur!... il ne m'avait pas dit qu'il eût une sœur.

LE GARS. Je me flatte que mon offre ne sera pas refusée?

VANBLAS. Z'ai accepté, moi.

LE GARS. Ah! tu es sans doute le frère... ou l'époux de cette jolie citoyenne?

VANBLAS. Tu te trompes à ton tour, citoyen: c'est la citoyenne Ma'ie Verneuil.

LE GARS. Verneuil!

Mme DE MONTBRIANT. Verneuil? un ci-devant duc de ce nom possédait de grands biens dans cette province.

VANBLAS. P'écisément... c'est sa fille.

Mme DE MONTBRIANT. Sa fille! je croyais qu'il n'avait pas eu d'enfant.

MARIE. Vous étiez dans l'erreur, citoyenne; j'ai partagé les malheurs de mon père.

Mme DE MONTBRIANT. Et vous avez pu échapper...

MARIE. Le 9 thermidor m'a sauvée... ainsi que quelques autres.

Bruit de tambours au loin.

VANBLAS. Ah! voici enfin le commandant Rabaud qui revient de la chasse qu'il a donnée aux b'igands.

LE GARS. Rabaud? j'ai souvent entendu parler de lui: c'est un brave à trois poils.

VANBLAS. Ah! ne m'en pa'le pas, citoyen? cela est sans usaze, sans la moindre éducation... des cuirs, mon cher, des cuirs à en revendre à tous les savetiers de France! une vraie culotte de peau.

MARIE. Ses ridicules, s'il en a, ne servent qu'à faire mieux ressortir la noble candeur de son ame. Il ne se déguise jamais, lui!

LE GARS. On ne peut pas en dire autant de tout le monde (*A Vanblas.*) N'est-ce pas, citoyen?

VANBLAS. Hé! hé! non, non sans doute... mais on est pa'fois oblizé de prendre un masque... n'est-ce pas, citoyen?

Mme DE MONTBRIANT. Vous marchez escortée, citoyenne?

MARIE. Oui, citoyenne.

VANBLAS. C'est un avantaze, n'est-il pas vrai, dans ce pays infesté de b'igands?

Mme DE MONTBRIANT. Sans doute... surtout quand on veut les prendre. (*A part.*) Mes soupçons se confirment.

VANBLAS, *à part.* Il y a là quelque chose à éclaircir... Marie est émue, et ces gens-là...

Le bruit des tambours, qui se fait entendre de plus près l'interrompt.

SCENE IX.

Les Mêmes, RABAUD, GILBERT, THOMAS, Valets.

Met-à-Bas sort à moitié du hangar.

Mme DE MONTBRIANT, *à Met-à-Bas.* Les voilà ! les voilà !..

MET-A-BAS, *bas.* J'sommes là aussi, nous autres, et j'nous ferons tuer tretous jusqu'au dernier plutôt que d'le laisser prendre

RABAUD, *à un sergent.* Ladouceur, des factionnaires partout... Le Gars dirigeait lui-même, m'a-t-on assuré, l'attaque des bandits que je viens de si bien étriller.... Oh! oh! que de monde ici ! mille tonnerres!... Attention, Gilbert. (*Saluant Marie*) Salut, citoyenne.... (*A Vanblas.*) Qui es-tu, toi?

VANBLAS. Diable ! commandant, vous avez la main rude... ne me reconnaissez-vous pas?

RABAUD, *à Gilbert.* Eh ! c'est le muscadin qu'on nous a envoyé de Paris, je ne sais trop pourquoi..... ou plutôt je le sais trop... (*bas*) le cousin de la petite qui doit jouer un rôle dans la parade qu'ils ont imaginée là-bas... pouah !.... (*A Thomas.*) Et toi, que fais-tu là?

THOMAS. Je suis le citoyen Thomas, aubergiste à l'enseigne du grand Saint-Labre...

RABAUD. Comment, coquin, ton saint-Labre n'a pas la cocarde nationale à son bonnet de police?.. et qu'est-ce que je vois là sur le fourniment de ta baraque ?.... « Vive le Gars ! à bas Rabaud !.. »

THOMAS. Général! monseigneur...

RABAUD. Monseigneur toi-même, entends-tu?.. Sergent, consigne-moi ce gentilhomme-là.

LE GARS. Ah! citoyen commandant, veux-tu donc nous couper les vivres ?

RABAUD, *surpris, toisant le Gars.* Oh ! oh! Gilbert, n'avons-nous pas vu ça quelque part?

GILBERT. Non... où donc?

RABAUD. Ah ! c'est vrai, tu n'étais pas à l'affaire de Juvigny.

LE GARS, *bas.* Diable ! je ne croyais pas qu'il eût de si bons yeux... (*Haut.*) Comme tu me regardes, commandant ?

RABAUD. C'est pour mieux te voir, mon enfant.

LE GARS. Est-ce que nous nous connaissons par hasard ?

RABAUD. Possible... Ton nom?

LE GARS. Mais, citoyen commandant...

RABAUD. Ton nom?

Mme DE MONTBRIANT, *bas.* Baudin.

LE GARS, *haut.* Eugène Baudin.

RABAUD. Tes papiers?

LE GARS. Comment donc! quelle inquisition !

RABAUD. Tes papiers!

MARIE, *au commandant.* A qui trouvez-vous donc que le citoyen ressemble ?

RABAUD. Eh morbleu!... à un grand gaillard que j'ai vu z'en face de moi, d'un peu loin pourtant...

Marie jette un coup-d'œil surpris et inquiet sur le Gars.

LE GARS, *donnant ses papiers.* Voici mes papiers.

RABAUD, *lisant et regardant le Gars par intervalle.* Au milieu des bandits... se battant comme un diable ! je l'admirais en dépit de moi-même... Ah! si j'avais pu le tenir z'au bout de mon bancal, je me serais fait un vrai plaisir de me mesurer avec lui.

LE GARS. C'est un honneur dont il eût été fier peut-être.

Mme DE MONTBRIANT, *à part.* Il me fait trembler!

VANBLAS, *cherchant à lire les papiers.* Visé à Mortagne...

RABAUD, *lisant.* Hum... hum... élève de l'école poly... poly... tèche...

VANBLAS. Technique, technique.

RABAUD. Je le vois ben!

VANBLAS. Ah! pardon.

RABAUD, *bas à Gilbert.* C'est un savant... (*Lisant.*) Hum... hum... allant à Brest... (*Au Gars.*) Tu va-t-à Brest?

LE GARS. Oui, je rejoins là mon bâtiment qui met à la voile dans trois jours.

RABAUD. T'es marin?

VANBLAS. C'est singulier!... ze croyais, moi, que l'école Polytechnique ne fournissait que des officiers d'artillerie et de zénie.

RABAUD. Je crois que tu as raison, toi, citoyen bavard.

LE GARS. Il y a des exceptions... j'en suis une... Ah ça ! mon interrogatoire est-il fini ?.. Il faut que ce Gars, comme vous l'appelez, soit bien redoutable, pour qu'un brave tel que toi, commandant, descende à de telles enquêtes.

RABAUD. Jamais les chouans n'ont eu de chef plus actif et plus habile, quoique bien jeune encore.

GILBERT. Le malheur l'a formé.

LE GARS. Au temps où nous sommes, on reçoit de rudes leçons... Fût-on né avec un cerveau de pierre, ainsi fourré en serre-chaude, il faudrait bien mûrir et se former.

RABAUD. C'est vrai, ça!

LE GARS. Après tout, ce Gars, comme vous l'appelez, n'est donc pas un bandit? il sert apparemment la cause qu'il juge la meilleure.

GILBERT. Il assassine sa patrie!

RABAUD. Bien dit, toi, Gilbert!

LE GARS. Eh bien! donc, qu'on le pende, et vite!

VANBLAS. Soit! qu'il tombe entre nos mains, et son affaire sera bientôt faite.

MARIE, *à Gilbert.* Avant d'être militaire, capitaine, vous étiez avocat?... dites-moi donc quelle est la loi qui concerne les chouans?

GILBERT. Celle du 14 fructidor, qui institue les conseils de guerre; l'identité une fois reconnue, la sentence sans appel... la mort sur-le-champ.

MARIE. La mort!

LE GARS. Ma foi, si j'étais chouan, j'aimerais beaucoup mieux avoir à faire à de bons militaires qu'à ces êtres amphibies, coquins, lâches, perfides, traîtres, muscadins aux cadenettes retroussées, aux longs escarpins pointus, sbires et mouchards de la haute police.

VANBLAS, *à part.* Oui dà!

RABAUD. Tu n'es pas dégoûté.

MARIE, *à elle-même.* La mort!.. sur-le-champ!..

RABAUD, *au Gars.* Tes papiers sont en règle.

LE GARS. Tu es donc satisfait, commandant?

RABAUD. Oui.

MARIE, *à part.* Je respire!

LE GARS. Nous pouvons donc aller nous mettre à table maintenant?

RABAUD. Volontiers. (*Tendant au Gars les papiers.*) Tiens, reprends....

VANBLAS, *prenant les papiers.* Pardon, commandant..... (*Lisant.*) C'est bien ça... Mortagne...(*Au Gars.*) Je te fais mon compliment, ainsi qu'à ta sœur, mon jeune officier; car j'ai appris qu'un jeune officier de marine, se rendant effectivement à Brest avec sa sœur, avait été arrêté, volé et emmené par les chouans, à la sortie de Mortagne...

Surprise de tous.

RABAUD. Hein! qu'est-ce à dire?

LE GARS, *à part.* Cet homme est servi par l'enfer.

Mme DE MONTBRIANT. Nous avons été attaqués, il est vrai... mais grâce au ciel, nous avons pu échapper aux brigands.

RABAUD. Possible... mais vous ne m'échapperez pas ainsi, à moi.... Toute réflexion faite, mon devoir m'ordonne de vous faire conduire au district le plus voisin, pour la vérification de votre passeport.

MARIE, *à part.* O ciel!

Mme DE MONTBRIANT, *à part.* Nous sommes perdus!

RABAUD. Et je vous y accompagnerais moi-même, si je n'avais à terminer ma tournée; mais je vous y rejoindrai.

LE GARS. Au district! eh! mais, je n'ai rien à démêler avec ton district!

RABAUD. Je le désire.

VANBLAS. Nous le saurons.

MARIE, *bas à Juliette.* Vois... son front ne pâlit pas, et cependant... (*Allant à Rabaud.*) Commandant, quel est votre dessein?

RABAUD. C'est selon... peut-être de lui délivrer un passe-port scellé de plomb.

MARIE. Ce serait un meurtre abominable!.. vous ne le commettrez pas.

RABAUD. Ma petite dame, ça ne vous regarde pas.

MARIE. Peut-être!... et s'il vous reste des doutes sur le compte de ce jeune officier, c'est moi, moi, Marie de Verneuil, qui vous réponds de lui.

RABAUD. Vous?... jolie garantie, sans doute...

LE GARS. Fort jolie, en vérité!

Mme DE MONTBRIANT, *à part.* Elle l'aime! elle est aimée!..

RABAUD. Allons, assez de balivernes!... (*Au Gars.*) Camarade, dépêchons; il faut partir. Je désire que ce soit une vaine formalité, car tu me plais... mais c'est égal, mon devoir l'ordonne: au district.

Rabaud va remonter la scène, Marie l'arrête.

MARIE. Arrêtez! arrêtez! J'en réponds, vous dis-je!.. et peut-être ai-je le droit.....

RABAUD. Le droit!

MARIE, *lui présentant le papier que lui a remis Vanblas.* Lisez.

LE GARS, *à part.* Qu'est-ce que cela signifie?

VANBLAS, *à Marie.* Que faites-vous?

MARIE. Je veux essayer du pouvoir dont vous m'avez parlé... je le veux, vous dis-je, ou sinon je ne vois plus en vous...

RABAUD, *rendant le papier à Marie.* J'obéis... Vous êtes belle, mais la France l'est encore plus, et je ne sais pas servir deux maîtresses à la fois... J'obéis... mais demain je donne ma démission.

Il jette à terre son sabre et entre dans l'auberge.

GILBERT. Qu'est-ce donc, mon commandant?

MARIE. Attendez, capitaine. (*A Vanblas, bas.*) Vous ne m'aviez pas trompée.... ce papier..... Mais dans quel but à moi une telle puissance?

VANBLAS. Vous le saurez, ma cha'mante.

MARIE, *à Gilbert.* Venez, capitaine, il faut apaiser la colère de votre brave chef ; ce serait trop abuser du pouvoir, que de faire perdre à la France un homme tel que lui.

Elle présente la main à Gilbert ; le Gars s'avance vivement vers Marie.

LE GARS. Pardon, capitaine, veuillez prendre la main de ma sœur... moi, je me place sous l'égide de mon aimable caution.

Ils entrent dans l'auberge, ainsi que Juliette et Beljambe.

SCENE X.

VANBLAS, SOLDATS, CHOUANS *cachés*, UN AGENT *de Vanblas.*

VANBLAS, *à lui-même.* Et ce jeune officier serait pour elle un inconnu.... oh ! non ! non !.. ici tout m'est suspect... Jeune fille insensée ! l'état ne t'a pas confié un tel pouvoir pour que tes caprices... Ne me trompé-je pas cependant?.. pas de sotte erreur ici... mais quoi !.. parmi les nombreux émissaires que j'ai semés en ce pays, il n'en viendra pas un, un seul, pour me dire tout bas à l'oreille : Oui c'est cela!..

La nuit vient. Met-à-Bas se glisse hors de sa cachette et il disparaît derrière le hangar. Un homme paraît au fond ; la sentinelle l'arrête ; Vanblas remonte la scène.

Ah ! un des miens !... (*A la sentinelle.*) Laissez passer, camarade.... (*A l'agent.*) C'est toi, Durand ?.. (*Descendant la scène.*) Eh bien ! où sont les provisions que tu dois livrer à nos braves?

L'AGENT, *très-haut.* Dans un hameau à deux pas d'ici, il y a un marchand du pays, qui promet de nous donner une marchandise première qualité...

VANBLAS, *de même.* Ah ! ah !..

L'AGENT. Il exige une forte remise..... (*Bas.*) Il promet de nous le livrer, mais je ne pouvais rien terminer sans vous.

VANBLAS. Bien, bien, je comprends.... (*Ici on entend le cri de la chouette.*) Peste soit de l'oiseau de nuit ! son cri m'agace les nerfs... (*Bas.*) Tu dis donc qu'on nous livrera... (*Nouveau cri de la chouette.*) Encore !.. c'est insupportable !..

LE GARS, *paraissant à une croisée de l'auberge, à part.* C'est un signal de Pierre... quelque nouveau péril.

VANBLAS, *à l'agent.* Et ce n'est pas loin?

L'AGENT. Deux portées de fusil.

VANBLAS, *à part.* Dans cinq minutes je suis ici.

LE GARS. Eh bien ! citoyen venez-vous?

VANBLAS. Dans un instant je suis à vous, soyez tranquille. (*A Beljambe, qui sort de l'auberge.*) Sergent, dites de ma part au commandant qu'il m'attende ; j'aurai sans doute de bonnes nouvelles à lui donner.

Il sort avec son agent.

SCENE XI.

LES MÊMES, *excepté* VANBLAS *et* L'AGENT.

BELJAMBE. Soldats ! à vos armes ! nous allons nous mettre en route. (*Nouveau cri de chouette.*) Encore ce rossignol de Bretagne ! On l'entend souvent ici... je n'aime pas sa musique ; elle nous porte toujours malheur.

Les soldats se mettent sous les armes.

SCENE XII.

LES MÊMES, LE GARS, Mme DE MONTBRIANT, RABAUD, GILBERT, MARIE, JULIETTE, THOMAS, GARÇONS D'AUBERGE *avec fallots et torches.*

Mme DE MONTBRIANT, *bas au Gars.* J'ai entendu aussi le signal.... Elle nous sauve pour le moment ; mais elle nous emmène.

LE GARS. Prisonniers, ma foi ! mais je compte encore sur elle.

Mme DE MONTBRIANT, *à part.* Moi, je ne compte que sur moi.. J'ai un projet..... pressons le départ.

MARIE, *à Rabaud.* Vous ne m'en voulez plus, commandant, et vous reprendrez votre épée ?

RABAUD. Ah ! si je n'espérais pas me battre demain !..

MARIE. Ils sont mes prisonniers sur parole, et je vous les présenterai demain bien innocens, bien justifiés, comme de bons amis à qui vous aurez évité un dérangement et un retard.

RABAUD. Soit ; mais...

MARIE, *à Mme de Montbriant.* Allons, ma belle captive, il faut vous disposer à partir. Il y a loin d'ici à Fougères.

RABAUD. Et je veux vous y trouver demain.

MARIE. Partons ! partons !

RABAUD, *bas.* Gilbert, augmentons ton escorte : prends cinquante lapins, accompagne-moi ça et veille sur ce jeune drôle. Je suivrai z'une autre route : j'ai des postes à ramasser. (*Préparatifs de départ. Met-à-Bas se montre à Mme de Montbriant et prend ses ordres. Petit-Renard, Vide-Piché et les autres chouans se glissent hors du hangar et disparaissent.*) Eh bien ! où donc est le citoyen Vanblas? votre chevalier mouchecadin?

BELJAMBE. Mon commandant, il va revenir. Il m'a chargé de vous dire de l'attendre.

RABAUD. Que le diable l'emporte ! nous n'avons pas de temps à perdre ; voici la nuit.

GILBERT, *montrant Thomas, près de qui est Met-à-Bas.* Cet homme dit qu'il y a d'ici à Fougères un chemin bien plus court que par la grande route; il passe par les bois de la Vivetière.

LA COMTESSE. C'est vrai, très-vrai. (*A part.*) A merveille!

RABAUD. Prenez-le.

LE GARS, *à Marie.* Une route de nuit, à travers les bois!... aux flambeaux!... c'est charmant.

Mme DE MONTBRIANT. Mais il nous faudrait un guide.

THOMAS, *à qui Met-à-Bas a parlé d'un air menaçant, le présentant.* En voici un, mes officiers.

RABAUD, *lui mettant une lanterne sous le nez.* Ça?

MET-A-BAS, *d'un air d'imbécile.* J' ne voulons point, mé; c'est trop dangereux... J' craingnons les choins, mé; jé n' voulons point marcher la nuit.

RABAUD. Ah! tu ne veux pas? Beljambe, empoigne-moi ce gaillard-là pour lui dégourdir les jambes.

MET-A-BAS. Eh bé! eh bé! on ira, m'n officier... on ira, puisqu'il l' faut.

LA COMTESSE, *bas à Met-à-Bas.* Perds-nous dans les bois... et demain matin seulement à la Vivetière.

MET-A-BAS. Suffit.

LE GARS. Allons donc, citoyenne Baudin!

Mme DE MONTBRIANT. Me voilà.

Petit-Renard, Vide-Piché et les chouans s'enfoncent dans le bois; on a remis à Met-à-Bas une torche.

RABAUD. En route! Gilbert, à demain à Fougères. Aie l'œil à tout, mon fils!

L'escorte s'éloigne.

SCENE XIII.

RABAUD, BELJAMBE, THOMAS, SOLDATS.

RABAUD. Je soupçonne quelque amourette entre la belle et notre jeune officier de marine... Parbleu! je n'en serais pas fâché pour faire enrager un peu ce M. de Vanblas.... (*Aux soldats.*) Allons, mes lapins, nous allons, filer z'aussi... Un moment! (*A Beljambe.*) Vous avez bu et mangé z'ici..... a-t-on payé?

BELJAMBE. Payé, mon commandant? en pays ennemi!

RABAUD. Pays ennemi, sacrebleu! est-ce que le département de la Mayenne n'est pas français? (*A Thomas.*) A l'ordre, toi!

THOMAS. Digne et excellent citoyen!... je ne t'appellerai plus monseigneur, va!

RABAUD. Qu'est-ce qu'on te doit?

THOMAS. Quarante-cinq livres onze sous six deniers, sans compter le pourboire.

RABAUD, *prenant d'un tambour un tas d'assignats.* Tiens, chenapan... voilà z'un million en assignats; ça fera à peu près ton compte..... Décampe! (*Aux soldats.*) A vos rangs!

THOMAS, *son paquet à la main.* Que diable veut-il que je fasse de cette rame de papier?

BELJAMBE. Tu en tapisseras les chambres de ton auberge, et tu seras millionnaire... en perspective.

RABAUD. Allons, allons!... Quant à notre muscadin, bon voyage... Eh! mais le voilà... comme il accourt!

SCENE XIV.

LES MÊMES, VANBLAS.

VANBLAS, *accourant.* Commandant! commandant! bonnes nouvelles!...

RABAUD. Quoi donc? retournes-tu à Paris?

VANBLAS. Oui, oui, bientôt... et vous aussi... Cernez cette auberge! cernez les environs! (*Montrant Thomas.*) Arrêtez cet homme!..

RABAUD. Est-il fou?

VANBLAS. Montons, commandant, montons... Le jeune peintre d'Alençon, l'officier de marine... c'est le Gars!

TOUS. Le Gars!

RABAUD. Mille dieux!... pends-toi, Rabaud!

VANBLAS. Comment?

RABAUD. Il est parti.

VANBLAS. Parti!

RABAUD. Mais on peut les rattraper peut-être... Beljambe, cours, vole!

BELJAMBE. De quel côté? ils ont pris la traverse...

RABAUD. Par les bois de la Vivetière... deux hommes avec toi, des torches, un guide!

BELJAMBE, *montrant Thomas.* En voilà un.

VANBLAS. Ne le lâchez pas!

THOMAS. Moi? ô messeigneurs!

RABAUD. S'il t'égare, tue-le!

THOMAS. Sainte Vierge!.. saint Labre!..

RABAUD. Paix, braillard! (*Aux soldats.*) Enfans! en marche! le pas de charge! au Gars! au Gars!

Tous les soldats répètent ce cri. Sortie générale.

FIN DU PREMIER ACTE.

ACTE DEUXIEME.

Site agreste et sombre. Un vieux château breton au milieu des bois. A droite, mur bas et crénelé, avec porte au milieu. A gauche, un manoir gothique. Au fond, un torrent. Sur les bords, des broussailles, des saules, etc.

SCENE PREMIERE.

HUBERT, VIDE-PICHÉ, MARGUERITE *sa femme, leur* ENFANT, *quelques* DOMESTIQUES, *puis* COURTIN, LE CHEVALIER DE CHATILLON.

Marguerite, Vide-Piché et quelques domestiques préparent une table Hubert est au fond, sur le pont.

MARGUERITE, *arrangeant la table.* Là! v'là qu'est bé! vois donc, not' homme. Dam! je n'sis point un cordon bleu, une cuisinière d' Paris!... on est venu me chercher dans not' chaumière pour faire la cuisine ici à nos seigneux et dames qui, par le temps qui court, sont devenus tretous des paysans comme nous : j'espérons stapendant qu'ils trouveront le déjeuner bon. (*A son enfant, en lui donnant un gâteau.*) Tiens, p'tit gars, mange-mé ça, et va voir si nos messieurs arrivont.

VIDE-PICHÉ, *prenant une bouteille.* Dis donc, not'femme!.. j'ons marché toute la nuit... j'boirions bé un coup....

Il boit; Courtin, Châtillon, Hubert, descendent la scène.

HUBERT. Je commence à être inquiet... la nuit s'est passée sans nouvelles... (*A Vide-Piché.*) Et tu dis que le Gars et madame de Montbriant sont entre les mains du capitaine Gilbert?

VIDE-PICHÉ. Oui, mais ils n'avont point été reconnus, que je vous dis.... l'Arbajaune a tout prévu; et m'sieur Met-à-Bas... (*A Hubert.*) Vous savez bé, m'sieur Met-à-Bas... bé déguisé, leux sarvont de guide...

HUBERT. Lui? oh! alors, je commence à être plus tranquille.

MARGUERITE. J'retournons à mes casseroles. Il y a là un ragoût que mame de Montbriant aimé bé... et nous l'aimons tant, c'te bonne madame!

VIDE-PICHÉ. Et moi, je vas chercher encore queuques pichés d'vieux Bordeaux.

CHATILLON, *l'arrêtant.* Un généreux effort, mon brave... tâche de nous les apporter à peu près pleins.

Marguerite sort avec son mari.

SCENE II.

COURTIN, CHATILLON, HUBERT, DOMESTIQUES *allant et venant.*

CHATILLON. Vide-Piché! Met-à-Bas! les drôles de noms! et qui diable, cet ivrogne désigne-t-il avec son arbajaune? ah! notre amazone, sans doute?

HUBERT. Oui... nos paysans ont donné à chacun de nous un nom de guerre.

CHATILLON. Ce qui, soit dit entre nous, aide un peu à faire ressembler nos braves à un ramassis de bandits.

HUBERT. Au fond; c'est assez vrai...

Mme de Montbriant traverse le pont avec deux ou trois paysans et quelques soldats; ils disparaissent derrière les bâtimens, à droite. La comtesse, quelques instans après, entre seule en scène.

SCENE III.

Les MÊMES, Mme DE MONTBRIANT, COURTIN, CHATILLON, HUBERT.

Mme DE MONTBRIANT. Enfin nous voilà!

CHATILLON, *s'inclinant.* Madame.....

Mme DE MONTBRIANT. Châtillon! je suis enchantée de vous revoir... et des nôtres enfin!

TOUS TROIS. Et le Gars?

Mme DE MONTBRIANT. Il arrive. Notre rusé Met-à-Bas nous a si bien égarés dans les bois, que nous avons marché toute la nuit. Ce matin, au point du jour, j'ai eu l'air de reconnaître ces lieux, et j'ai indiqué ce vieux manoir comme une propriété nationale, occupée maintenant par de bons fermiers de ma connaissance.... Mais savez-vous en quelle singulière compagnie nous arrivons?

CHATILLON. Qui donc?

Mme DE MONTBRIANT. Une demoiselle de Verneuil.

LE CHEVALIER. Qu'est-ce que c'est que ça? Dans les derniers temps, le duc de Verneuil avait auprès de lui, dit-on, une jeune personne dont la position était assez équivoque.

COURTIN. Mais elle a péri!

Mme DE MONTBRIANT. Vous allez déjeuner avec elle.

CHATILLON,

« Les morts, après six ans, sortent-ils du tombeau?»

Mme DE MONTBRIANT. Non, mais leurs titres sont une dépouille, dont peuvent se parer de viles intrigantes, honteux instrumens de la police de Fouché.

COURTIN, HUBERT. Comment?

CHATILLON. Que voulez-vous dire?

Mme DE MONTBRIANT. J'espère pouvoir vous en donner l'explication ce matin même. On connaît la faiblesse du marquis, et l'on veut que notre Renaud succombe aux charmes d'une nouvelle Armide.

CHATILLON. Quelle plaisanterie!

Mme DE MONTBRIANT. Une plaisanterie, chevalier! cela est, j'en ferais serment.

CHATILLON, *bas à Hubert.* Mme de Montbriant est amoureuse et jalouse.

COURTIN. Mais les soldats qui escortent cette femme?....

Mme DE MONTBRIANT. J'ai ici quelques-uns des nôtres..... et à défaut de la force, la ruse.

CHATILLON. O ciel! un guet-apens!

Mme DE MONTBRIANT. Ne sommes-nous pas captifs? Eh! qui pourrait faire un crime à des prisonniers que l'on conduit à la mort de chercher à briser leurs fers?

CHATILLON. J'aimerais mieux les combattre.

COURTIN. On a parlé de trahison... un bruit sourd s'est répandu que d'infâmes menées doivent livrer notre chef; les soldats qui vous conduisaient sont-ils donc les agens?...

Mme DE MONTBRIANT. Peut-être!

CHATILLON. Sur de simples soupçons....

Mme DE MONTBRIANT. Ils seront éclaircis. Avant d'agir, je m'engage à vous fournir une preuve décisive.

CHATILLON. Et le Gars?

Mme DE MONTBRIANT, *avec un rire amer.* Lui? comme de coutume, les éclairs qui jaillissent de deux beaux yeux l'aveuglent sur le danger. En sortant d'Alençon, il se crut à jamais séparé d'elle : il la retrouve... pour lui, c'est comme un coup du sort. Il la revoit plus belle et plus charmante... et il se croit aimé... (*A Hubert.*) Nos amis sont-ils réunis?

HUBERT. Nous avons ici Cottereau, Montabot et quelque autres, tous, ainsi que nous, vêtus en fermiers, et armés par prudence.

Mme DE MONTBRIANT. Et M. de Bauvan?

COURTIN. Nous l'attendons.

Mme DE MONTBRIANT. C'est sur lui que je compte.... Il voyait souvent le duc de Verneuil... Il me tarde de dévoiler tant d'infamies!

CHATILLON, *bas à Courtin.* Elle est bien toujours la même!

Mme DE MONTBRIANT. J'ai quelques ordres à donner encore ici.... veuillez prévenir nos amis de tout ce qui se passe.

CHATILLON. Nous les rejoignons. (*Bas à Courtin.*) Elle commande en maître!

Les trois chefs sortent.

SCENE IV.

Mme DE MONTBRIANT, *seule.*

Ils hésitaient... ils me blâmaient peut-être? ils jugeront... et je ferai exécuter leur sentence. Mais comme il tarde à venir! il est auprès d'elle! dans notre course nocturne, ma présence les gênait.... c'est bien.... (*Remontant la scène avec la plus vive agitation.*) Mais ils ne viennent pas! et aucun de ceux que j'ai chargés de les surveiller.....

On voit paraître sur le pont Met-à-Bas; il fait entendre le signal connu des chouans; Petit-Renard et plusieurs chouans paraissent au milieu des broussailles. Petit-Renard, seul, entre en scène; Met-à-Bas traverse le pont.

SCENE V.

Mme DE MONTBRIANT, PETIT-RENARD, MET-A-BAS.

Mme DE MONTBRIANT. Ah! les voici enfin!.. (*A Met-à-Bas.*) Mon brave et fidèle Pierre!

MET-A-BAS. Oui, j'avons pu les devancer de queuques instans, afin de prendre vos ordres, si vous en avez d'autres à me donner.

Mme DE MONTBRIANT. Non... tu sais quelles sont mes volontés : tu les feras connaître à tes camarades.

MET-A-BAS. Nous sommes prêts à tout faire pour madame, pisqu'alle ne nous ordonnont rien qui ne soit dans les intérêts d'la cause.

PETIT-RENARD. Les revars rouges arrivont les uns après les autres, la langue tirée d'un pied et les oreilles basses, ni pus ni moins que d'méchans limiers qui avons bé couru sans rien prendre. Nous l's avons toujours suivis d'abre en abre, prêts à tomber sur eux s'ils aviont voulu jouer queuque méchant tour à m'sieur Met-à-Bas.

Mme DE MONTBRIANT. Et le Gars?

MET-A-BAS. Il marche en avant avec sa belle.

Mme DE MONTBRIANT, *à part.* Sa belle!... ingrat! (*A Met-à-Bas.*) Pierre, hâte-toi de tout disposer.........

SCENE VI.

Les Mêmes, VIDE-PICHÉ.

VIDE-PICHÉ, *sortant du manoir avec plusieurs bouteilles à la main.* M'sieur de Bauvan, qui v'nont d'arriver, fait demander si madame...

Mme DE MONTBRIANT. Bauvan! ah! enfin! je cours le trouver. Pierre, n'oublie rien!

Elle entre dans le château.

VIDE-PICHÉ, *posant ses bouteilles sur la table.* Bonjour m'sieur Met-à-Bas.... bonjour, cousin Jean....

PETIT-RENARD, *prenant une bouteille et la mettant dans sa saccoche.* Bonjour, petit cousin Labre.

VIDE-PICHÉ. Ohé! rends-moi ça .. ils diront encore que c'est mé...

MET-A-BAS. Moins haut, méchant capon! as-tu préparé ce vin?...

VIDE-PICHÉ. Pour les revars rouges? non pat encore.

MET-A-BAS. Va donc!

VIDE-PICHÉ. Mais.....

PETIT-RENARD. Va donc, chérubin!

Ils poussent Vide-Piché dans le manoir.

SCENE VII.

MET-A-BAS, PETIT-RENARD.

MET-A-BAS. Tous nos gars sont bé là?

PETIT-RENARD, *montrant le torrent et les rochers.* Partout par là... Pour entrer ici, quand nous t'avons ébu laissé avec les revars rouges, j'nous avons glissés le long des rives du torrent, afin de n'être vus de parsonne, pas même du Gars.

MET-A-BAS. C'est bé : j'sis content d'té.

PETIT-RENARD. Vois-tu, monsieur Met-à-Bas, il n'appiouverait peut-être point...

MET-A-BAS. Silence! c'est mé qui vous commande.

PETIT-RENARD. Suffit! mais par précaution, j'avons toujours fait brûler un cierge.

MET-A-BAS. Ça ne peut point nuire... c'est une bonne mesure, et je t'en loue. (*A voix plus basse.*) Combien sommes-nous, au vrai?

PETIT-RENARD. Vingt et queuques.

MET-A-BAS. Et eux, cinquante-deux.

PETIT-RENARD. Cinquante-deux!.. c'est bécoup. Tu l's'as comptés?

MET-A-BAS. Oui; mais déjà pour queuques-uns d'entr'eux, c'torrent sera profond, et son iau mueite. Et pis l'reste pris au dépourvu... Oup!.... not' ruse sera aussi bonne qu'alle est de bonne guarre.

PETIT-RENARD. Qui en doutiont?

MET-A-BAS. La patronne m'a bé expliqué ses intentions. D'abord, vous prendrez bé garde d'être surpris.

PETIT-RENARD. Ça n'vaudrait rien!

MET-A-BAS. Ensuite, gardez-vous bé d'agir avant d'avoir entendu mein signal!

PETIT-RENARD. C'est dit.

MET-A-BAS. Quant à c'te femme, vous savez tous queux méchans soupçons on a sur elle...

PETIT-RENARD. Oui; la patronne a dit comme ça qu' c'étiont une enjôleuse, un' silène, un' sorcière qui perdrait le Gars.

MET-A-BAS. Si, après avoir pris toutes l's' informations, l'nom qu'alle porte, comme la patronne en étiont presque sûre, n'est point l' sien, alle nous l'abandonne..

PETIT-RENARD. Avec tous ses bijoux?

MET-A-BAS. Tout!

VIDE-PICHÉ, *accourant.* Ohé! ohé! v'là les revars rouges! les v'là!

MET-A-BAS, *à Petit-Renard.* Cache-té vite! à tein poste!.. (*A Vide-Piché.*) Et c' que j' t'avons dit de fare?

VIDE-PICHÉ. C'est fait.

MET-A-BAS. C'est bé. (*Petit-Renard disparaît.*) Oui, c'est bé eux. Allons, à min rôle.

Il prend l'air niais d'un paysan.

SCENE VIII.

MET-A-BAS, VIDE-PICHÉ, LE GARS, MARIE, JULIETTE, GILBERT, SOLDATS; QUELQUES DOMESTIQUES.

GILBERT, *au fond, sur le pont.* Allons donc! allons, du courage! nous arrivons... Maudit chien de guide qui nous a ainsi égarés!

MET-A-BAS, *à part.* Va, va, tu m' maudiras encore bé mieux ce soir!

MARIE, *regardant autour d'elle.* Ainsi donc, nous sommes forcés de chercher un asile à la Vivetière, l'un des antiques domaines de M. de Vitré.

LE GARS. De ce chef de bandits, dont on parle tant... oui, belle Marie.

MARIE. Quel sombre manoir! en vérité, il me fait peur.

LE GARS. Peur! auprès de moi?

MARIE. Mais je ne sais trop maintenant que penser... (*Le Gars a ôté son chapeau: il le donne avec distraction à Vide-Piché, qui le salue. Marie remarque ce mouvement.*) Ah! il paraît que vous êtes ici en pays de connaissance?

LE GARS. Mais oui...

Pendant ce dialogue Gilbert a descendu en scène à la tête de ses soldats.

GILBERT, *à sa troupe.* Halte! front!.... (*A Met-à-Bas.*) Ah! te voilà, triple coquin! pourquoi nous as-tu quittés? tu mériterais d'être fustigé pour ne pas savoir mieux ton chemin.

MET-A-BAS. O doux Jésus! c' n'est point ma faute... j' mé sommes retrouvé, grâce au citoyen Baudin...

GILBERT, *au Gars.* Ah! citoyen Baudin, nous ne nous reposerons ici qu'une heure.

LE GARS. Soit... le temps de déjeuner.

MARIE, *apercevant la table préparée.* Et nous sommes attendus... en grande compagnie même...

LE GARS. Oui, nous déjeunerons ici avec quelques bons fermiers des environs.

GILBERT, *bas à Marie.* La prudence

nous ordonne de hâter notre arrivée à Fougères.

MARIE. Je suis de votre avis.

GILBERT, *au Gars.* Où mes hommes pourront-ils bivouaquer un peu à l'aise?

MET-A-BAS. Mé, j' connaissons c' vieux châtiau... (*Indiquant le mur crénelé.*) Il y a là, sous votre main, une petiote pelouse entourée de fossés... Voulez-vous que j'vous y conduisions?

GILBERT. Toi, imbécile!

MET-A-BAS. Dam! ils seront là comme des chanoines.

LE GARS. Et traités de même.

GILBERT, *aux soldats.* Allons, enfans... (*A Met-à-Bas.*) Où est-elle, ta pelouse?

LE GARS. Cet homme va conduire votre sergent.

GILBERT. Non, ce sont des frères, des compagnons d'armes confiés à mes soins; je veux moi-même veiller à leur campement.

Marie va suivre Gilbert.

LE GARS, *bas à Marie.* Avant de nous séparer, peut-être pour jamais, accordez-moi un instant d'entretien, Marie.

Marie s'arrête; Gilbert, Met-à-Bas et les soldats sortent par la droite.

SCENE IX.

LE GARS, MARIE.

LE GARS. Chère Marie, vous avez cédé à ma prière.

MARIE. Peut-être aurais-je dû ne pas l'écouter... Nous séparer l'un de l'autre le plus tôt possible est en effet ce que nous pourrons faire de mieux, et pour vous et pour moi. En décidant le capitaine Gilbert à s'arrêter ici, je crains d'avoir commis une grande imprudence.

LE GARS. Comment?

MARIE. Il est l'élève d'un chef dont la vigilance ne peut être long-temps prise en défaut... et si tout ce que nous voyons dans ce vieux et noble manoir le frappe ainsi que moi, vous devez craindre, vous et votre sœur...

LE GARS. Nous devons craindre..? achevez..... Qui suis-je donc, en ce moment, aux yeux de Marie?

MARIE. Un téméraire, s'il est vrai que... Répondrez-vous avec franchise? Dois-je l'attendre du jeune peintre de la Mayenne ou de l'officier de marine?

LE GARS. Qu'importe qui je suis? Marie, avant tout, ne voyez en moi qu'un homme sur qui tant d'esprit et de charmes...

MARIE. Ecoutez, monsieur: les circonstances qui nous entourent sont graves; et s'il en est une où l'on doive pardonner à une femme d'oublier un moment la réserve imposée à son sexe, c'est celle où je suis. Eloignez donc toute feinte, tout mensonge.

LE GARS, Et vous, Marie?

MARIE. Moi! jamais ils ne m'ont été si odieux. Ecoutez, vous dis-je!... depuis Alençon, et surtout depuis notre rencontre d'hier, vous me proposez à chaque instnat, sous des formes différentes, la même énigme à deviner... et, cette énigme, c'est vous. Vous plairait-il enfin de m'en donner le mot?... Mais d'abord, votre sœur... A Alençon, vous étiez sans parens, sans famille... depuis quand existe cette parenté? Vous souriez? c'est là répondre.

LE GARS. Eh bien! oui, c'est une jeune dame, que des malheurs communs...

MARIE. Vous ont soumise... Vous l'aimez... ou vous l'avez aimée?

LE GARS. Comme une sœur.

MARIE. Elle vous aime encore d'amour, elle!

LE GARS. Avant Alençon même, ses capricieux emportemens avaient fait de cet amour un souvenir plein d'amertume.

MARIE. Oui, justifiez bien votre inconstance! C'est ainsi que nous sommes, tôt ou tard, payées de notre tendresse... J'estime cette femme; elle se fait craindre au moins. Certaine de la trahison d'un perfide, elle le tuerait sans doute ainsi que sa rivale... Je comprends cela, moi: être indignement trahie par ce qu'on aime, cela vaut la mort. J'estime cette femme, vous dis-je; et je la plaindrais, si je ne la haïssais pas!

LE GARS. Vous la haïssez, Marie!.. oh! répétez-moi encore ce mot d'amour.

MARIE. Laissez, monsieur, laissez ces expressions que je ne puis encore entendre. De la vérité seule dépend votre salut peut-être... La vérité! je la veux, je l'exige. Achevez d'être avec moi franc, sincère. Ces noms d'Alphonse, d'Eugène Baudin...

LE GARS. Eugène et Alphonse sont deux étourdis, deux fous, que pour jamais j'ai bannis loin de vous.

MARIE. Ainsi, vous êtes?..

LE GARS, *d'un air contraint.* Qui je suis?

MARIE. Oui, oui!

LE GARS. Mais vous-même, Marie, êtes-vous en effet ce que vous voulez paraître?

MARIE. Moi! que voulez-vous dire?

LE GARS. Vous exigez mon secret...... mais le vôtre?

MARIE. Le mien? je n'en ai pas.

LE GARS. Etes-vous en effet mademoiselle de Verneuil?

MARIE. Qui vous a dit le contraire ?

LE GARS. Des amis... ils m'ont parlé de piéges, de trahison...

MARIE. Marie ! des piéges, des trahisons !... et contre vous !...

LE GARS. Pardon, pardon ! excusez les craintes de ce cœur violent et passionné, qui sent que d'un tel amour dépend sa destinée !...

MARIE. Eh bien ! s'il est vrai que vous m'aimiez, qui peut encore retenir sur vos lèvres votre secret ? plus de mystères ?...

LE GARS. Si je vous aime ! lorsqu'à Alençon votre apparente coquetterie, la calomnie, d'indignes soupçons me séparèrent de vous, pouvez-vous bien comprendre tout ce que j'ai souffert ? mépriser ce qu'on voudrait tant aimer ! craindre que les doux nœuds d'amour soient un piége d'assassin... Oh ! c'est un épouvantable supplice !...... S'il fallait l'éprouver encore... mais non, non, près de vous, le doute seul est un outrage. C'est à vos pieds que je veux me purifier de mes soupçons odieux, et vous confier ma destinée tout entière. Apprenez donc...

Le Gars va se jeter aux pieds de Marie ; entrée des chefs.

SCENE X.

LES MÊMES, CHATILLON, HUBERT, COURTIN, COTTEREAU, JULIETTE, *puis* GILBERT.

Tous les chefs chouans sont vêtus en paysans.

HUBERT, *allant au Gars*. Mon cher maître !

LE GARS. Mon vieil Hubert !.. (*A Châtillon*.) Soyez le bien venu. (*A tous*.) De la prudence ! N'oubliez pas, messieurs, qu'il faut que je donne demain une fête dans les bois de Saint-James. (*Haut*.) Mes bons amis, aidez-moi à recevoir dignement ma belle libératrice, ma généreuse caution ; car je suis toujours sous sa responsabilité jusqu'à ce que j'aie fourni mes preuves de civisme.

Tous les chefs s'inclinent devant Marie.

MARIE, *bas à Juliette*, Juliette, que dis-tu de ces bons fermiers ?

LE GARS. Mais où donc est ma sœur ?

CHATILLON. Elle s'entretient avec le citoyen Bauvan, qui vient d'arriver.

MARIE, *à Juliette*. Bauvan !... ce nom ne m'est pas inconnu.

LE GARS. Notre excellent Bauvan ? allons, tant mieux !.. ce sera un ami de plus.

Gilbert paraît

GILBERT, *à un sergent*. Veille bien à tout : point de désordres, point d'excès !

LE GARS. Eh bien ! capitaine, êtes-vous satisfait des dispositions prises pour vos braves ?

GILBERT. Trop ! il y a luxe dans les approvisionnemens.

LE GARS. Il fallait bien réparer les fatigues de la route...

GILBERT. Oh ! oh ! quels sont donc tous ces gens-là ?

LE GARS. La citoyenne Marie les connaît. Ce sont quelques bons fermiers des environs qui ont voulu saluer les intrépides lapins de Rabaud.

CHATILLON. Et trinquer avec eux.

MARIE, *bas à Gilbert*. Nous n'avons rien à craindre.

GILBERT, *de même*. J'aime à le croire.

LE GARS. A table ! à table !.. (*Mme de Montbriant et Bauvan s'avancent par la porte du manoir*.) Ah ! voici ma sœur... et ce cher Bauvan !

SCENE XI.

LES MÊMES, Mme DE MONTBRIANT, BAUVAN.

MARIE, *à Juliette*. Bauvan !.. oui, c'est bien celui que j'ai vu chez mon père !

Mme de Montbriant s'avance conduite par M. de Bauvan.

LE GARS. Arrivez donc, ma chère ! Bonjour, citoyen Bauvan : vous nous apportez sans doute de bonnes nouvelles ?

BAUVAN. Eh !.. de bonnes nouvelles... je ne sais pas trop... c'est selon comme vous les prendrez.

Il jette un regard attentif sur Marie.

CHATILLON. Qu'est-ce donc ?

LE GARS. Assez ! assez ! à demain les affaires sérieuses ! à table.! (*Mme de Mont-* ma sœur... les honneurs aux étrangers.

MARIE, *à elle-même*. Les regards de cette femme me glacent d'épouvante !

Mme DE MONTBRIANT, *bas à Bauvan*. Eh bien ?

BAUVAN, *de même*. C'est elle.

Mme DE MONTBRIANT. Vous en êtes sûr ?

BAUVAN. Je le jurerais.

Mme DE MONTBRIANT. Regardez-la bien ; pas d'erreur ! le Gars ne nous le pardonnerait pas.

briant présente sa main au Gars,) Pardon,

Met-à-Bas s'approche de Mme de Montbriant.

MET-A-BAS. Tout va bé... l'vin était préparé... et les soldats boivent ! Ils seront bientôt hors d'état d' nous résister.

Il s'éloigne. Tous les convives se sont assis ; ils sont placés ainsi à la table en commencant par la droite : Le Gars, Marie, Cottereau, Châtillon, Gilbert, Hubert, Courtin, Bauvan et Mme de Montbriant qui se trouve ainsi placée en face du Gars.

LE GARS. Allons, citoyens ! portons un toast que comprendront tous les vieux

Français. (*Se levant le verre à la main.*) Au triomphe des défenseurs de la bonne cause !

GILBERT, *élevant aussi son verre.* A l'éternelle confusion de tous ces parricides qui déchirent le sein de leur patrie, de leur mère, avec le fer de l'étranger !

MARIE. Moi, j'aimerais mieux un toast fraternel à leur prochaine conversion.

Mme DE MONTBRIANT. Ils seraient bientôt sûrs d'aller en paradis... nos frères de Paris ont des missionnaires expéditifs.

LE GARS, *vivement.* Ne dit-on pas, capitaine, que Bonaparte va quitter l'Italie ?

GILBERT. On le dit.

CHATILLON. On assure même qu'on l'attend prochainement à Paris.

COURTIN. Buonaparte était le seul homme qui pût sauver la France.

BAUVAN, *bas à Mme de Montbriant.* C'est elle, j'en suis certain.

Mme DE MONTBRIANT. Et vous êtes prêt à le déclarer ?

BAUVAN. A haute voix.

LE GARS, *inquiet, remarquant les regards que Bauvan et Mme de Montbriant jettent sur Marie.* Qu'est-ce donc ?

GILBERT, *remettant son verre lentement sur la table, et regardant Courtin d'un air surpris.* Bu...o..naparte ! Ce n'est pas ainsi que ce nom glorieux se prononce, mon brave homme, si ce n'est chez ses ennemis.

CHATILLON. Ses ennemis ? avec qui donc croyez-vous être, capitaine ?

GILBERT. Avant tout, je suis sûr d'être avec cinquante des plus braves soldats de la demi-brigade de Rabaud.

Bauvan s'est penché à l'oreille de son voisin, et lui a parlé bas en lui désignant Marie ; le mot passe et arrive au Gars.

LE GARS. Non, c'est impossible ! Bauvan ! cela est-il vrai ?

BAUVAN. Sur mon honneur !

LE GARS, *brisant son verre sur la table.* Si cela pouvait être !... je donnerais ma vie pour me venger sur l'heure !

Tous se lèvent excepté Marie et Gilbert.

GILBERT. Qu'est-ce donc, citoyenne Verneuil ?

MARIE. Je l'ignore.

Mme DE MONTBRIANT, *avec un rire amer.* Verneuil !.. ah ! ah ! Ce que c'est, demandes-tu ? ne le sais-tu pas ? Cette femme a été la maîtresse et non la fille du duc de Verneuil...

MARIE, *se levant.* Odieuse calomnie ! qui ose outrager ainsi la mémoire de mon père !

Mme DE MONTBRIANT. Cette femme était chargée de séduire et de livrer à ses complices notre héros, le Gars !

MARIE. Ah !

GILBERT. Le Gars ! où est-il ? où est-il ?

LE GARS. Devant toi !

GILBERT. Trahison ! mes armes !

TOUS LES CHEFS, *se précipitant sur Gilbert.* Vengeance !

LE GARS. Oui, vengeance et mépris ! (*A Mme de Montbriant.*) Mais la preuve ! la preuve !..

GILBERT. A moi, soldats ! (*Le capitaine s'est élancé pour prendre son sabre ; tous les chefs chouans l'entourent et dirigent contre sa poitrine leurs poignards et leurs pistolets. Met-à-Bas se jette sur lui, et, à l'aide de deux autres chouans, l'attache à un arbre.*) Que voulez-vous ? me tuer ?

COTTEREAU. Peut-être !

Mme DE MONTBRIANT. Réponds ! cette femme n'est-elle pas la complice de Vanblas, ce vil agent de Fouché ?

GILBERT. Je l'ignore ; mais elle n'est pour moi maintenant qu'une infortunée que je défendrais si j'étais libre.

Les chefs forment une espèce de conseil. Le Gars reste étranger à ces mouvemens.

Mme DE MONTBRIANT. J'accuse cette femme de tous les faits dénoncés contre elle, et je vais fournir la preuve de son crime. (*Aux chefs.*) Vous jugerez, messieurs.

COTTEREAU. Sans appel !

La comtesse s'élance vers Marie pour la fouiller ; Juliette se hâte de retirer du sein de Marie un papier que la comtesse lui arrache, et qu'elle donne au Gars.

LE GARS. « Les officiers de tous grades,
» les administrateurs, etc., et principale-
» ment de toutes les localités où se trou-
» vera le chef, désigné sous le nom du
» Gars... devront prêter secours et assis-
» tance à la citoyenne Marie Verneuil, et
» se conformer en tout aux ordres qu'elle
» pourra leur donner... »

Mme DE MONTBRIANT, *reprenant le papier* Signé, voyez-vous, « DUBOIS-CRANCÉ, LA-
» PLACE et FOUCHÉ. »

LE GARS, *tombant accablé sur un banc à droite.* Oh ! l'infâme ! l'infâme !

Mme DE MONTBRIANT. Eh bien ! ai-je calomnié cette femme et ses satellites ? (*Aux chefs chouans.*) Prononcez sur leur sort, à tous.

TOUS LES CHEFS. La mort !

SCENE XII.

LES MÊMES, CHOUANS *armés.*

Au même instant tous les chouans paraissent et se précipitent vers le mur crénelé, la carabine en joue.

CHATILLON. Arrêtez !

MET-A-BAS, *faisant un geste impératif aux chouans.* Non! la mort!.. feu!..

Les chouans tirent, puis ils se précipitent vers la porte à droite.

LE GARS, *courant au mur et revenant à l'avant-scène.* Un meurtre!.. un horrible meurtre!

MET-A-BAS. Justice est faite!

GILBERT. Mes pauvres camarades!.... Messieurs, tuez-moi! car je suis aussi infâme que vous, moi, misérable qui les ai livrés à leurs bourreaux!.. de grâce, tuez moi!..

MET-A-BAS, *levant sa carabine.* Puisqu'il le veut...

LE GARS. Bas cette arme! arrière! (*Coupant avec son sabre les liens du capitaine.*) Vous êtes libre, monsieur!

GILBERT. Fusillez-moi, monsieur le gentilhomme... je ne veux rien vous devoir...

LE GARS. Partez! je le veux. (*Lui donnant son gant.*) Ce passeport sera respecté.

GILBERT. Je ne l'accepte que comme un gage de combat.

LE GARS. Soit. Quant à cette femme, qu'elle vous suive... je l'abandonne à son infamie! (*Gilbert reprend son sabre, court à Marie et l'entraîne à l'aide de Juliette. Le Gars à Mme de Montbriant.*) Vous devez être satisfaite, madame! personne ne pourra plus maintenant vous disputer le prix de la beauté.

Mme DE MONTBRIANT, *à mi-voix.* Enfant! redevenez homme. (*A part.*) Il l'aime encore... et je ne suis point vengée!

LE GARS, *aux chefs chouans.* Suivez-moi, messieurs! allons combattre! il faudra de glorieuses victoires pour racheter la sanglante exécution de la Vivetière.

Il s'éloigne suivi de tous les chefs, Marie soutenue par Gilbert et Juliette traverse le pont. Tous les chouans sont venus entourer Met-à-Bas.

FIN DU DEUXIÈME ACTE.

ACTE TROISIÈME.

Aux deux premiers plans, le vestibule de la maison commune de Fougères. A gauche, corps-de-garde avec porte et fenêtre (dite œil de-bœuf) praticables. A droite, escalier de la mairie. Au fond, la place du marché dans toute son étendue. Au fond, en face du public, un chemin, bordé d'un parapet, plonge sur la partie basse de la ville. A l'extrême lointain, rochers de Saint-Léonard, qui dominent la ville. Au-delà du vestibule, à gauche, un café.

SCENE PREMIERE.

RABAUD, GILBERT, VANBLAS, BELJAMBE, LE MAIRE DE FOUGÈRES, OFFICIERS, CONSEILLERS MUNICIPAUX, SOLDATS, GARDES NATIONAUX, ADJOINTS DU MAIRE, HABITANS, *etc.*

Au lever du rideau, des gardes nationaux, des habitans de tout sexe paraissent plongés dans la plus profonde douleur. Vanblas, appuyé au balcon de la fenêtre du café, observe tout ce qui se passe.

RABAUD, *à lui-même.* Cinquante de mes braves.... cinquante de mes pauvres enfans lâchement assassinés dans le manoir de la Vivetière! (*A tous.*) Dites-moi, camarades, le Gars et ses gentilshommes pensent-ils que nous verrons des soldats dans leurs égorgeurs pillards?

GILBERT. Et qui sont ceux qui composent ces bandes? quelques paysans trompés qui ignorent encore les bienfaits de la liberté, qui s'abritent sous un drapeau à défaut d'autre asile, et d'infâmes bandits qui n'embrassent une cause que dans l'espoir de se faire acheter par l'autre?

RABAUD. Mais le peuple ne veut plus de tout ça, n'est-ce pas?

TOUS. Non! non!

RABAUD. La cause de la nation lui a donné des victoires, un champ de blé à lui, des droits égaux pour tous; et il n'y a ni gars, ni marquis, ni brigands qui puissent les leur's arracher. J'ai battu le Gars hier, je le battrai aujourd'hui, et demain et toujours; et, si vous me secondez, nous aurons bientôt mis à la raison tous ces méchans mangeurs de galettes. (*Applaudissemens unanimes.*) Citoyen maire, fais assembler le conseil municipal; je vais m'y rendre. (*Aux habitans.*) Au moment du danger, vous avez pris la clarinette à cinq pieds, vous autres... Merci! allez... mais ne dormez toujours que d'un œil: c'est pas fini, oui-dà! vous connaissez le Gars; je crois que nous ne tarderons pas à recauser ensemble.

Tous sortent de divers côtés; Rabaud, reste seul avec le capitaine Gilbert. Vanblas a quitté la fenêtre du café.

SCENE II.

RABAUD, GILBERT, BELJAMBE, SENTINELLE *devant le corps-de-garde*, SENTINELLES *au fond.*

RABAUD. Mon pauvre Gilbert!... tiens,

quoique bien malheureux, je remercie encore le chef de file d'en-haut, puisque dans cet horrible massacre il t'a conservé à ton vieil ami.

GILBERT. Ah! je n'aurais pas accepté la vie qu'ils m'ont laissée, si je n'avais eu des frères d'armes à venger!

RABAUD. Et le Gars, m'assures-tu, n'a pas mis du sien dans ce guet-à-pens abominable?

GILBERT. Il l'ignorait, tout me porte à le croire... il nous a protégés contre la fureur des siens.

RABAUD. Eh bien! au fait, tant mieux! car le diable m'emporte si je n'aurais pas été vexé qu'un gaillard comme ça eût été changé tout-à-coup en lâche égorgeur; il est brave, et j'aime les braves, moi, quelle que soit leur couleur. Sacrebleu! j'envie ton sort, mon fils, et je donnerais deux doigts de cette main-là, vois-tu, pour être à ta place, puisqu'il t'a promis de s'aligner un de ces jours avec toi.

GILBERT, *attachant à son chapeau le gant que lui a donné le Gars.* En plaçant ainsi son gage de combat, il le reconnaîtra de loin, je l'espère, au milieu du feu! mais, chef de ce qu'il appelle une armée, se croira-t-il obligé à tenir sa promesse? son rang, ses titres, l'orgueil de la naissance...

RABAUD. Ta! ta! ta! ta! tu le vaux bien, pour le moins; t'es le plus honnête mâle qui ait jamais endossé z'un uniforme, et te voilà capitaine dans les armées françaises. De par Saint-Lazare Hoche! il n'y a pas de feldmaréchal ni de pacha qui n'échangeât avec plaisir son grade contre celui-là... Il se battra, je devine ça, moi; car je dégaînerais contre un marmiton qui se croirait insulté par moi, pourvu toutefois qu'il ne fût pas un coquin, et qu'il sût tenir un autre briquet que celui de la boîte aux allumettes. Quant à la virago d'Armazone, comme ils la nomment eux autres, puisqu'elle se mêle de monter à cheval et de faire le coup de feu, qu'elle ne se trouve pas en face de ma lame!

GILBERT. Vous? vous ne tuerez pas une femme!

RABAUD. Tu crois? possible. Ah! les femmes! les femmes!.... il faut plaindre les pauvres benêts qui se trouvent jetés entre les griffes de ces enragés petits démons-là... Cette Marie Verneuil!.. vois, mon pauvre vieux, où nous a conduits l'amour romanesque de cette jeune folle?

GILBERT, *avec feu.* Si vous voyiez son abattement, son désespoir, vous la plaindriez, mon commandant.

RABAUD. Moi?

GILBERT. Oui, vous.

RABAUD. Non, sacrebleu! j'en réponds.

GILBERT. Et je réponds du contraire... je vous connais; et d'ailleurs, est-ce elle qui est vraiment coupable?

RABAUD. Hé! tonnerre! pourquoi aussi se trouve-t-elle mêlée à toutce mic-mac!..

GILBERT. Je jurerais qu'elle est pure de l'infernal projet de ce Vanblas...

SCENE III.

Les Mêmes, VANBLAS.

VANBLAS, *s'avançant du fond en parlant à l'agent qu'on a vu au premier acte.* Ayez l'œil à tout, correspondez bien de l'un à l'autre, et rendez-moi compte du plus petit mouvement, du plus léger indice. (*L'agent s'éloigne.*) Salut au cher commandant: votre très-empressé serviteur, capitaine.

GILBERT. Eh bien! citoyen Vanblas, applaudissez-vous de votre ouvrage

RABAUD. Voilà donc, citoyen péquin, ce qu'ont produit tes ruses et tes stratagèmes?

VANBLAS, *avec sa voix naturelle.* Est-ce ma faute? qui diable pouvait s'attendre à ce qui est arrivé? Du reste ce n'est qu'un échec; chance de la guerre! c'est à recommencer.

GILBERT. Cinquante braves échappés au fer de l'Autriche et de l'Angleterre, égorgés comme un vil bétail!...

RABAUD. Je n'ai pas versé plus de larmes à la mort de ma pauvre vieille mère!

VANBLAS. Ils sont morts pour la patrie... c'était leur lot.

RABAUD. Ce ne sera jamais le tien.

VANBLAS, *prenant une prise de tabac.* Je l'espère.

RABAUD. Si un vieux soldat pouvait te laisser agir, c'était pour épargner le sang des braves.

VANBLAS. Eh bien! il n'aura pas été inutilement répandu. Le Gars a tout-à-fait trahi sa piste. Je promets de vous le livrer avant peu... et ma fortune est faite.

RABAUD, *à Gilbert.* C'est un enragé que ce sapajou-là!

VANBLAS. Ze suis un homme positif qu'on ne conduit pas avec des mots. Chacun de nous, voyez-vous, encense son idole: la vôt'e, c'est la gloire, vieille folle aux crins hé'issés, très-poétique certes, mais sans pain, ni bas, ni chaussure; la mienne, à moi, c'est la fortune, femme un peu du commun, mais g'asse, rebondie et couve'te de satin, de diamans et d'or. Puissions-nous tous deux arriver à notre but! alors vous deviendrez zéné'al, et moi millionnaire... à chacun sa part!

RABAUD, *à Gilbert.* Ah! mon enfant, pour qui combattons-nous?

GILBERT. Pour la patrie!

RABAUD. Oui, oui, tout pour la France... pour la *France quand même!*

VANBLAS. Ce *quand même* me va... il me va beaucoup! ainsi donc vous et moi nous pourrons...

RABAUD. Ne compte plus sur moi; agis comme tu le voudras, puisque je ne puis t'en empêcher : moi, je ne m'en rapporte plus qu'à mon sabre. (*A mi-voix, à Gilbert.*) Rejoins ta troupe, capitaine; arrête-toi avec la moitié de tes hommes au bas de ces rochers, et fais pousser une pointe jusqu'au village de Florigny.

GILBERT. Dans l'instant vos ordres seront exécutés, et j'espère vous en rendre bientôt bon compte.

Rabaud entre à la mairie.

SCENE IV.

GILBERT, VANBLAS.

GILBERT. Dites-moi, devons-nous craindre pour Marie?..

VANBLAS. Oh! cela ne se'a rien... émotion de coquette'ie trompée dans ses calculs, voilà tout. Z'ai fait conduire notre zolie citoyenne dans le noble manoir des Bauvan, une p'op'iété nationale qui touche à la vieille tour du Papegaut... sur l'esplanade, à l'extrémité du rempart...Tenez, on la voit d'ici; une vue superbe... en bon air... cela lui a fait un bien étonnant.

GILBERT. Et c'est ainsi que vous parlez de la jeune fille confiée à vos soins, après son horrible aventure?

VANBLAS. Elle l'a voulu... et puis ces dames, en géné'al, aiment assez les aventures. Ma'ie est lézère, inconsidérée; cela lui servi'a de leçon; oh! maintenant qu'elle connaît le Gâs, elle ne sonzera plus à le défendre ni à le sauver, ze vous en réponds.

GILBERT. Vanblas, vous êtes un bien méchant homme!...

VANBLAS. Un monst'e, capitaine, un monst'e!.. les femmes me l'ont dit souvent.

GILBERT. De quelque nature que soient vos droits sur Marie Verneuil, n'oubliez pas que je suis son défenseur... et qu'on peut avoir un compte de sang à vous demander. (*Gilbert à Beljambe, à voix basse.*) Veille sur cet homme...

Il s'éloigne.

SCENE V.

VANBLAS, BELJAMBE, SENTINELLES, PEUPLE *allant et venant au fond.*

VANBLAS, *à l'avant-scène.* Un compte, à moi, capitaine? je vous le rendrai bientôt... à ma manière. Pauvre homme! tu veux lutter contre moi! nous verrons si tes épaulettes et celles de ton commandant sont clouées à vos épaules. Un bon rapport... bien fait, bien vraisemblable... Il faut me débarrasser de ces deux hommes-là.

Il tire un carnet et écrit.

BELJAMBE, *à part.* Oui, oui, il n'y a qu'un pas d'ici à la demeure de notre belle citoyenne... Si j'entends la moindre querelle, sois paisible... ton compte est bon à toi, méchant mouchecadin!

VANBLAS. Le retour de Bonaparte m'épouvante..... Il faut me hâter d'arriver à mon but... Et Marie!.. Il est heureux pour moi que les outrages qu'elle a reçus aient précédé la communication qu'elle va sans doute exiger de moi... Elle m'attend..... Mais non..... sachons d'abord ce que ce demi-sauvage de commandant décide dans le conseil municipal...

Il monte lentement l'escalier.

BELJAMBE, *regardant au fond.* Garde à nous! voici Juliette!.. Cré coquin!.. la citoyenne est avec elle!..

SCENE VI.

LES MÊMES, MARIE, JULIETTE.

MARIE. Oui, c'est à moi de venir implorer ma grâce .. ma grâce!.. et de quoi m'accuse-t-on? quelle exécrable trame a donc été ourdie contre moi?

VANBLAS, *arrivé au haut de l'escalier, s'arrête à la voix de Marie.* Marie! (*A part.*) Quel contre-temps!

Il redescend l'escalier.

MARIE. Et c'est lui, lui que je voulais sauver!.... et le sang de mes frères, répandu par les siens, retombe sur moi...

VANBLAS. Marie...

MARIE, *reculant devant lui.* Ah!...

VANBLAS. Pourquoi quitter ainsi votre demeure? Je vous avais priée de m'attendre.

MARIE. Vous! en effet, monsieur, j'ai beaucoup à vous dire.

VANBLAS. Veuillez me suivre chez vous, Marie...

MARIE. Non, je reste... (*Bas à Juliette.*) Cours auprès de Gilbert, qu'il vienne ainsi que le commandant... je ne veux pas quitter ces lieux avant d'avoir hautement protesté devant eux.

Juliette sort vivement.

BELJAMBE. Un mot donc, mamzelle Juliette!

Il disparaît un moment avec elle.

SCENE VII.

VANBLAS, MARIE, SENTINELLES, *puis* BELJAMBE, JULIETTE, AGENS DE VANBLAS, QUELQUES HABITANS.

VANBLAS, *à part.* Voyons-la venir.

MARIE, *à part.* Sachons enfin le sort que m'a fait cet homme..... (*Haut, attachant sur Vanblas un regard scrutateur.*) Vanblas, jusqu'à ce jour, mon inexpérience a suivi vos conseils sans vous en demander le motif : mais aujourd'hui que je suis leur victime, il faut que je sache d'où naît leur maligne influence. C'est vous seul qui pouvez éclaircir les doutes qui me tourmentent, vous dont les soins et les bienfaits mêmes semblent me conduire à ma perte.

VANBLAS. A votre perte? c'est votre faute et non la mienne... Oui! pourquoi ne vous êtes-vous servie du talisman qui vous était confié que pour sauver un ennemi, lâche bourreau qui s'est joué de vos sentimens romanesques, et qui n'a répondu à votre générosité qu'en égorgeant vos défenseurs et qu'en vous accablant de mépris et d'outrages?...L'aimez-vous encore, maintenant?

MARIE. Je hais tous ceux par qui le sang a coulé.

VANBLAS. Fort bien! et leur mort est un droit qui nous est acquis.

MARIE. Mais pourquoi ces mépris et ces outrages, à moi, pauvre jeune fille qui ne me croyais pas d'ennemis? Quel est enfin ce pouvoir, dont j'ignore la source et la cause, et que j'ai accepté sans y penser, comme je m'en suis servie sans le comprendre, pour ma honte, hélas! et le malheur de tous ceux qui m'entouraient?... Vanblas, Vanblas, de grâce, expliquez-vous!

VANBLAS, *d'un air satisfait.* Maintenant que nous commençons à nous entendre, je puis vous satisfaire... d'autant mieux que les derniers événemens nous forcent à changer de plan.

MARIE. Parlez!

VANBLAS. Le nom du duc de Verneuil, malgré la calomnie, pouvait encore exercer ici une grande influence. J'ai fait sentir au gouvernement tous les avantages qu'on pouvait tirer de votre présence dans ce pays, pour pacifier les partis, pour vaincre la révolte sans répandre trop de sang, en détachant les chefs par des promesses, en les divisant par d'adroits soupçons semés entre eux; et surtout... vous avez vu que le succès confirmait déjà en partie mon espoir..... surtout, en sachant attirer entre nos mains, par vos grâces et vos attraits, ce chef audacieux, ce Gars, que vous n'avez que trop appris à connaître, et qui...

MARIE. Ah!.... Et ce papier mystérieux ne m'avait été remis que pour m'aider à atteindre ce but?

VANBLAS, *d'un air riant.* Sans doute!

MARIE, *la voix tremblante.* Et, en le voyant entre mes mains, Alfred de Vitré a dû me croire votre complice?

VANBLAS. C'est cette femme, cette Montbriant, dont l'adresse inconcevable....

MARIE. Mais alors l'épithète dont ils m'ont flétrie avait une apparence de justice?

VANBLAS. De justice? de la part de brigands que le mépris public...

MARIE. Ce mépris, je te le jette à la face!... Voilà donc comme tu m'as fait partager ton ignominie!

VANBLAS. Hein?... plaît-il?... comment donc! quel langage!..(*Se contenant.*) Enfant, enfant!.... voyez devant vous ces biens immenses, ces trésors... et songez que c'est pour la patrie..

MARIE. La patrie!.. ah! ne souille pas ce mot sacré..... un homme tel que toi ne sert pas sa patrie : il lui vend son honneur!

VANBLAS. Marie!..

MARIE. Lâche, l'abaissement dans lequel tu m'avais trouvée avait paru bon à tes projets, et tu t'étais dit : L'orpheline abandonnée, sans pain, sans amis, sera trop heureuse de me servir, et de recevoir ma main avec la fortune... Vois-tu que je te connais maintenant!.... Tu t'es démasqué trop tôt, Vanblas... et je proteste hautement contre toi!..

VANBLAS. Ingrate! je t'ai sauvée; ton sort dépend de moi...

MARIE. Ah! rends-moi donc à la misère! Alors on verra que j'étais ta victime et non pas ta complice.

VANBLAS. C'en est trop! et si je n'avais pitié... (*Se modérant.*) Allons, point d'enfantillage! suivez-moi; plus calme, vous pourrez comprendre...

MARIE. Laisse-moi! ne m'approche pas, te dis-je?

VANBLAS. Songez à ce que vous allez faire... je saurai bien malgré vous...

Il remonte la scène; à son signal ses agens arrivent; Beljambe descend la scène avec Juliette.

BELJAMBE, *mettant le sabre à la main.* Que se passe-t-il donc? mille tonnerres! le premier qui fait un pas...

JULIETTE. Brave sergent, défendez-nous!

VANBLAS. C'est au nom de l'autorité que je commande ici... (*A Marie.*) Suivez-moi!..

MARIE. Non! non!..

Vanblas a fait un signe à ses agens, ils veulent s'emparer de Marie; Rabaud paraît.

SCENE VIII.

LES MÊMES, RABAUD, *et d'abord* SOLDATS, AGENS DE VANBLAS, *et quelques* HABITANS.

MARIE, *aux pieds du commandant.* Sauvez-moi! sauvez-moi! ou j'expire à vos pieds.

RABAUD. Relevez-vous! Mille tonnerres, relevez-vous donc! Voyons, que me demandez-vous? qu'avez-vous à craindre?

VANBLAS. Commandant, cela ne vous regarde pas.

RABAUD. Ah! ah! tu es mêlé là-dedans, toi? nous allons voir. (*A Marie.*) Parlez.

MARIE, *montrant Vanblas.* J'aurais pu garder sur cet homme le silence du mépris... mais vouloir m'associer à ses odieux projets!.. lui!... Si c'est une abominable lâcheté que d'attirer à soi un ennemi par de perfides caresses pour le livrer à l'échafaud, n'est-ce pas le comble de la perversité humaine, répondez, commandant, que de vouloir entacher un autre de son opprobre?.... Voilà ce que voulait cet homme: tels étaient et son rôle et le mien... mais je le renie... et j'implore votre pitié!

RABAUD. Oui, oui, je conçois: selon les faux calculs des méchans, il vous avait jugée d'après lui. Une fois dans la nasse, il a fallu le diable pour vous en retirer..... Fort bien! fort bien!.. Pauvre jeune fille, dont on avait trompé l'inexpérience, je vous maudissais... maintenant je vous plains et je vous estime... Mais ce n'est pas tout; non, corbleu! je vous prends sous ma protection... ne craignez plus rien de lui.

VANBLAS. Et de quoi vous mêlez-vous, commandant? (*Rabaud fait un geste menaçant. Vanblas recule.*) Vous connaissez mes pouvoirs; vous savez jusqu'où ils s'étendent. Marie Verneuil ne dépend que de moi.

RABAUD. Quel ton prends-tu là? est-elle ton esclave? Son refus, qui l'honore, et beaucoup, la dégage.

VANBLAS. C'est ce qui vous trompe. Chargée d'une mission d'où dépend le salut de l'état, il faut qu'elle en rende un compte exact et clair, ou qu'elle soit accusée...

RABAUD, *lui saisissant la main.* Misérable!

VANBLAS. Brutal!

RABAUD. Ecoute... d'abord, et d'une, la moindre démarche contre sa liberté, et la poignée de mon bancal te servira d'emplâtre; ensuite... (*Rabaud entend quelques éclats de rire parmi les témoins de cette scène, il se retourne brusquement vers eux.*) Eloignez-vous, vous autres, et allez voir là-bas si je n'y serais pas, par hasard.

Tout le monde se disperse au fond.

VANBLAS, *à part.* Que diable veut-il nous dire?

RABAUD. Mon enfant, je gémissais de voir une jeune fille si charmante n'être que l'instrument des projets d'un..

VANBLAS, *d'un air insolent.* D'un...

RABAUD. D'un coquin.

VANBLAS. Holà! commandant, ceci passe..

RABAUD. Passe très-bien. (*A Marie.*) Mais, grâce à Dieu, moi et votre digne parent, nous nous trompions chacun à notre manière sur votre compte.

VANBLAS, *à part.* Grossier animal!

RABAUD, *à Vanblas.* Quéque tu dis?

VANBLAS. Plaît-il?

RABAUD. Hum!.... (*A Marie.*) Je vous ai promis aide et protection; mais on a par vous tendu s'une embuscade dans laquelle vous vous êtes innocemment prise vous-même. On voulait séduire le Gars... et c'est lui qui vous a séduite.

MARIE. Commandant!..

RABAUD. Je vais vous parler avec toute franchise, ma fille: soyez également franche avec moi... Ne l'aimez-vous pas?

MARIE. Moi!.. l'aimer!..

RABAUD. Vous ne l'aimez plus? possible. Il est, à ce qu'on dit, un peu moins coupable que je ne croyais: mais sa fureur contre vous et la jalousie de son endiablée *ci-devante* prouvent qu'il vous aime, lui...

VANBLAS, *riant, à mi-voix.* Ah! ah! ah! le commandant Rabaud faisant un petit cours de galanterie... c'est fort amusant!

RABAUD, *à Vanblas.* Hein! qu'est-ce qui te fait rire, toi? paix! (*A Marie.*) Ainsi donc, vous ne l'aimez plus? tant mieux; car, mille tonnerres! j'aurais été fâché de désespérer une jolie enfant telle que vous. Hé! croyez-vous que le vieux Jérôme n'ait pas eu un cœur tout comme un autre? Mais cet amour ne vous conduirait à rien, ma pauvre enfant... qu'à des démarches imprudentes, coupables même, peut-être, car il est fort possible que le Gars vous revoie, qu'il se justifie, qu'on lui pardonne; et si je trouve ça fort naturel, je le trouve aussi un peu trop dangereux pour nous.

MARIE. Est-ce là, commandant, l'opinion que vous avez encore de moi?

RABAUD. Jamais un cœur de femme honnête ne croit pouvoir faire de sottises; et cependant, une fois pris, il en fait, s'et beaucoup. Sans le vouloir, sans vous en douter même, vous pourriez tôt ou tard nous trahir... Il faut donc vous éloigner d'ici.

VANBLAS. Hein? plaît-il? vous dites?..

RABAUD. Demain, vous partirez, Marie.

MARIE. Demain. (*A part.*) Un jour suffit à mon dessein.

VANBLAS. Un moment! un moment donc!

MARIE. Commandant, vous prévenez mes désirs.

VANBLAS. Commandant Rabaud, avez-vous reçu des ordres?

RABAUD. Non, mais j'en donne.

VANBLAS. Citoyen commandant, vous ne pouvez sous aucun prétexte...

RABAUD. Je puis te faire pendre, sauf à te rendre après compte de mes motifs. D'ailleurs, quant à toi, dans quelques jours tu fileras aussi.

VANBLAS. Ma mission n'est pas terminée.

RABAUD. Je la terminerai, moi. Nous n'aurons plus bientôt, je l'espère, affaire à des hommes de loi, et je pourrai désormais me battre en franc et loyal soldat. Prendre-z-un ennemi au traquenard quand je suis là, moi! moi, Jérôme Rabaud!.... mais, mille tonnerres! j'aimerais cent fois mieux que son sabre m'entamât la poitrine.

VANBLAS. Tout cela est fort héroïque, sans doute; mais vous ne vous passerez pas de moi, s'il vous plaît. Quant à la citoyenne Marie Verneuil, vous aurez à répondre au gouvernement...

MARIE, *au commandant.* Ah! ne vous compromettez pas pour une infortunée...

RABAUD. Paix! ça ne vous regarde pas, petite! je prends tout sur moi.

MARIE. Cœur noble et généreux, c'est en vous que je place toute ma confiance... vous m'avez rendu la vôtre avec l'honneur... ah! je puis désormais braver les menaces de cet homme... soyez mille fois béni!..

VANBLAS, *à part.* Bien! bien! je puis encore, malgré vous... nous verrons...

L'agent de Vanblas vient à lui, un papier à la main; Vanblas remonte la scène.

RABAUD. Adieu, mon enfant; soyez heureuse, c'est le vœu sincère d'un vieil ami...

MARIE. Mon sort est décidé. Adieu, commandant!.. (*A Juliette.*) Viens, Juliette, je sais maintenant ce qui me reste à faire...

Elle sort. Paraissent les officiers municipaux.

SCENE IX.

LES MÊMES, *excepté* MARIE *et* JULIETTE; LE MAIRE, OFFICIERS MUNICIPAUX, OFFICIERS, SOLDATS, PEUPLE, *puis* UN LIEUTENANT.

RABAUD. Pauvre jeune fille!.. (*Apercevant les officiers municipaux.*) Assez causé... il faut.. (*Allant au-devant du maire.*) Eh bien! citoyen maire, les mesures que j'ai ordonnées..

LE MAIRE. On les exécute.

RABAUD. Bien! que chacun fasse son devoir; moi, je vais combattre. (*Coup de canon.*) Ah! voilà qui me prouve que Gilbert est à son poste.

LE LIEUTENANT, *entrant.* Commandant...

RABAUD. Eh bien! lieutenant Lasalle, qu'y a-t-il? que nous annonce Gilbert?

LE LIEUTENANT. Mon commandant, l'ennemi a fait des démonstrations hostiles sur Florigny; selon vos ordres, une partie de la troupe du capitaine Gilbert marche de ce côté, tandis qu'avec le reste de ses forces il se propose de tourner les chouans; mais il vous prévient que des masses imposantes se montrent derrière lui, et qu'il craint lui-même...

RABAUD. Comment, diable!... tombons sur ces coquins-là!... allons...

VANBLAS, *redescendant la scène.* Fort bien, commandant..... courez à Florigny, après les chouans que vous n'y trouverez pas, et laissez cette ville sans défense contre une tentative qui se prépare...

RABAUD. Que veux-tu dire, toi?...

VANBLAS. L'attaque de Florigny n'est qu'une feinte; le Gars en médite une plus sérieuse sur Fougères même.

RABAUD. D'où sais-tu ça?

VANBLAS, *lui remettant un papier.* Voici ce que m'apprend l'un de mes espions. Eh bien! commandant, mes services sont-ils inutiles? les refuserez-vous encore?

RABAUD, *à part.* C'est un vrai serpent que cet animal-là!... ça se glisse partout, ça voit tout, ça sait tout.

VANBLAS. J'ai voulu vous préparer une victoire et mériter votre estime.

RABAUD. Mon estime?... Enfin suffit; sers la France; et quels que soient tes motifs, tu mériteras ta récompense.

VANBLAS. A la bonne heure! c'est là parler. (*Indiquant le lointain.*) Tenez, voyez-vous là-bas, sur l'autre rive du Nançon; au haut de la roche de Saint-Léonard, le toit d'une chaumière?

RABAUD, *regardant avec une lorgnette.* Où donc?

VANBLAS. Où monte cette légère fumée.

RABAUD. J'y suis.

VANBLAS. Un de mes hommes, qui passe parmi les brigands pour un de leurs plus zélés partisans, buvait là, déguisé en contre-chouan, il y a une demi-heure, avec un ivrogne nommé Labre Cagnard, dit Vide-Piché, le maître de ce taudis.

RABAUD. Après?

VANBLAS. Le Gars venait de le quitter.

RABAUD. Quoi, le Gars?

VANBLAS. Oui; c'est là qu'il a médité et préparé l'attaque de ses bandits.

RABAUD. Comment, là, à mon nez, sous mes moustaches?

VANBLAS. Un signal doit les réunir sur un même point; plusieurs d'entre eux ont pénétré dans Fougères à la faveur du tumulte et du jour du marché. On n'attend que votre départ pour agir.

RABAUD. Nous verrons cela.

VANBLAS. Le Gars, qui espère un triomphe et qui veut relever le courage des siens, réunit ce soir tous ses partisans dans les bois de Saint-James... Oui, une grande assemblée, un bal...

BELJAMBE, *à part.* Parbleu, je voudrais bien y danser avec Juliette.

RABAUD. Et c'est avec nos vivres que M. de Vitré veut régaler ces dames?.. pas si bête!.. mais je m'invite du bal, moi, et je leur paierai les violons. (*A Vanblas.*) Merci de l'avis. (*Au maire.*) C'est à vous qu'on en veut, mettez-vous en mesure. (*Au lieutenant.*) Lasalle, ramène vers le faubourg de Saint-Léonard ceux de nos gens qui marchaient sur Florigny... Beljambe! (*Beljambe s'approche, il lui parle à l'oreille.*) Toi, va dire ça au capitaine.

BELJAMBE. Oui, commandant.

RABAUD. Prends le sentier qui descend au pied de la demeure de la citoyenne Marie... Ah! fais placer une vigie sur la tour du Papegaut.

BELJAMBE, *à part.* Bon! je dirai un mot en passant à mamzelle Juliette.

Beljambe sort avec l'officier. Rabaud donne d'autres ordes.

RABAUD. Voilà toutes nos précautions prises... Ah! ils veulent danser! eh bien! je serai leur maître de danse... Venez, citoyen maire, un mot, et je pars.

VANBLAS. Comment! vous partez?

RABAUD. Paix! on va se battre, monsieur, ça ne vous regarde plus; faites la guerre à l'œil. (*A voix basse.*) Oui, je veux toujours feindre de partir, afin de les laisser bien s'enferrer dans Fougères et de les prendre entre deux feux.

VANBLAS. Parfait!

Nouveau coup de canon.

RABAUD. Comment, mille bombes! Le Gars nous attaquerait-il déjà? A vos postes, citoyens! à vos postes!

Rabaud sort à la tête des troupes; les officiers municipaux rentrent dans la mairie; Vanblas court se cacher dans le corps-de-garde; entrent Marie et Juliette.

SCENE X.

MARIE, JULIETTE, HABITANS *et* SOLDATS *passant au fond; puis* TROUPES DE RABAUD, GARDES NATIONAUX, *etc.*

JULIETTE. Marie! ma chère Marie! où courez-vous?

MARIE. Au milieu de nos soldats.

JULIETTE. Que dites-vous?

MARIE. Oui, une femme se bat près de lui, cette femme, elle me verra en face d'elle.

JULIETTE. Eh quoi! vous voulez...

MARIE. Et cette nuit, t'a-t-on dit, une fête triomphale les réunira dans les bois de Saint-James... ils n'y sont pas encore!

JULIETTE. Chère Marie, ma sœur, écoutez-moi.

Bruit de canon; décharge de mousqueterie; Juliette remonte la scène.

MARIE. L'attaque est commencée... Vainqueur, il me trouvera là... s'il fuit, j'irai le trouver alors, moi!.. ce soir même, au milieu de sa noblesse proscrite... Comment? n'importe, je veux le voir encore une fois, et confondre la calomnie.

Nouveaux bruits de guerre; entrent en fuyant des habitans et des gardes nationaux.

JULIETTE. Fuyons! les nôtres sont repoussés... les chouans sont dans la ville.

Les fuyards se sauvent de divers côtés; Juliette entraîne Marie malgré sa résistance.

SCENE XI.

RABAUD, OFFICIERS, SOLDATS, GARDES-NATIONAUX.

Troupe de soldats et de gardes nationaux fuyant devant l'ennemi. Rabaud arrête leur fuite.

RABAUD. Où fuyez-vous, lâches! Arrêtez! arrêtez! Abandonnerez-vous votre vieux commandant? Voulez-vous donc sa mort ou son déshonneur? (*A deux sous-officiers.*) Volez auprès de Gilbert... l'un de vous sera tué, l'autre arrivera. Les chouans sont maîtres du faubourg Saint-Léonard et des chemins qui mènent à l'esplanade; nos communications sont coupées..... Que Gilbert tombe à la baïonnette sur ce damné faubourg et qu'il culbute tout devant lui! allez! Deux pièces de quatre sur l'esplanade, et à mitraille, sacrebleu! à mitraille sur tous ces brigands-là! Lieutenant, tu défendras cette place... Des tirailleurs dans toutes ces maisons.... Défends le terrain pied à pied... Fais-toi tuer là, là, sur les marches de la mairie, plutôt que de la laisser prendre. (*Bruit de canon vers la gauche.*) C'est là qu'est l'attaque la plus vive... là est le Gars... il va m'y voir... En avant, enfans! Vaincre ou mourir, c'est mon mot d'ordre!.. En avant! en avant!

La troupe de Rabaud s'élance au pas de charge sur les pas du vieux commandant.

SCENE XII.

MET-A-BAS, PETIT-RENARD, VIDE-PICHÉ, CHOUANS; *puis* LE GARS, CHATILLON, COTTEREAU, HUBERT, COURTIN *et* AUTRES CHEFS.

Les dispositions ordonnées par Rabaud viennent à peine d'être exécutées, qu'au haut du chemin qui conduit à la ville basse, on voit paraître Met-à-Bas, Petit-Renard, Vide-Piché et les chouans.

MET-A-BAS. Ohé! ohé! les Gars!... un moment!.... en ordre!.... Fougeres est à nous!.... Petit-Renard, tombe-mé sur ces gueux-là... Empare-té de leux bicoques. (*Petit-Renard et Vide-Piché s'emparent de la maison du café.*) A mé, à mé, leu maison de ville!

Il court avec les siens vers la mairie; le lieutenant et sa troupe en sortent.

LE LIEUTENANT, *à sa troupe.* En joue!.. feu!

Met-à-Bas a crié aux siens: *Met-à-Bas!* tous se sont jetés à terre; ils se relèvent et se précipitent sur les soldats; Met-à-Bas tue l'officier. Les chouans s'emparent de la mairie. Petit-Renard, Vide-Piché et les chouans sous leurs ordres sortent de la maison du café, tous chargés de butin. Vide-Piché tient un baril d'eau-de-vie; Petit-Renard, coiffé d'une marmite, s'est affublé d'une robe de femme.

PETIT-RENARD. Ohé! ohé! tra la, la, la, la, m'sieur Met-à-Bas a beau dire, y faut prendre avant d'tuer... En v'là-t'y de c'butin! ma fortune est faite... (*A Vide-Piché.*) Eh bé! qué qu't'as donc là? (*Voulant lui arracher le baril.*) Ça, c'est encore à mé.

VIDE-PICHÉ. Non, non, c'est à mé.

PETIT-RENARD. C'est à mé! lâche-le, cher petit cousin, ou je t'assomme.

Ils se battent; le Gars, accompagné d'une partie des chefs, paraît tout-à-coup.

LE GARS. Misérables! c'est ainsi que vous exécutez mes ordres. Vous pillez au lieu de combattre! (*Aux chefs.*) Et vous, messieurs, vous souffrez de tels excès? C'est m'arracher des mains la victoire. (*Aux chouans.*) Bas ce butin! bas ce butin, vous dis-je! (*Les chouans laissent tomber le butin.*) Nous verrons qui de vous osera me désobéir. Tout n'est pas fait encore... Allons, compagnons, au combat!

Met-à-Bas reparaît avec ses chouans.

MET-A-BAS, *du haut de la mairie.* L'ennemi a de nouviaux renforts... Le capitaine Gilbert est à leur tête... il a fallu lâcher pied. Ils arriveront par l'esplanade.

LE GARS. Venez à moi... nous leur vendrons chèrement la victoire.

Paraît Gilbert.

SCENE XIII.

LES MÊMES, GILBERT, SOLDATS, *puis* RABAUD *et* SES TROUPES.

Gilbert s'élance hors de la mairie à la tête des siens.

GILBERT, *au Gars, en lui montrant le gant attaché à son chapeau.* Alfred de Vitré, à moi! Souviens-toi de ta promesse.

LE GARS. Mon gage de combat. Cette fois, il ne te servira pas de sauf-conduit.

GILBERT, *à ses soldats.* Enfans, à la baïonnette!... à droite, conversion! En avant, marche!

Les soldats s'élancent à la baïonnette sur le Gars; Rabaud paraît avec sa troupe, en criant:

RABAUD. Bravo! Gilbert! c'est ça! à la baïonnette!

Il fonce à son tour sur les chouans; ceux-ci, forcés de battre en retraite, disparaissent tous. Cris de VICTOIRE! VICTOIRE!

SCENE XIV.

BELJAMBE, BAUVAN, SOLDATS, VANBLAS.

Paraît Bauvan poursuivi par Beljambe et quelques soldats; Bauvan tire contre le sergent, le manque, et lui jette sa carabine à travers les jambes.

BELJAMBE. Victoire! victoire! rends-toi, brigand, rends-toi, scélérat, qui me tires aux jambes.

Bauvan disparaît, poursuivi par le sergent et les soldats.

VANBLAS, *à l'œil-de-bœuf du corps-de-garde.*) Oh! oh! un grand seigneur chouan poursuivi par les nôtres!... la victoire est décidément à nous... Il est temps de nous montrer.

Bruit de fanfares; nouveaux cris de victoire.

SCENE XV.

RABAUD, GILBERT, VANBLAS, LE MAIRE, ADJOINTS, SOLDATS, CONTRE-CHOUANS, GARDES NATIONAUX, CHOUANS PRISONNIERS, PEUPLE, ETC., ETC.

Vanblas entre le dernier, portant un fusil d'un air martial.

RABAUD. Enfans, le Gars et ses chouans ont été frottés, et d'importance. (*Aux gardes nationaux.*) Ces braves ont soutenu le choc en vieux soldats! Les contre-chouans aussi se sont bien montrés! Nous avons fait une capture importante, le comte de Bauvan, je l'ai fait conduire à la tour du Papegaut, qui nous sert de prison pour le moment.

VANBLAS, *à part.* Près de la demeure de Marie?... elle nous fera encore quelque coup de sa tête.

RABAUD. Je ne t'ai pas vu dans l'action, toi.

VANBLAS. Je n'ai pas cependant perdu mon temps, je vous le jure. Votre bataille est gagnée... la mienne commence. Maintenant je jure de ne prendre aucun repos que je me sois rendu maître du Gars.

GILBERT. Ah! que ne l'ai-je pris le sabre à la main! mais bientôt, j'espère...

VANBLAS. Je prétends, moi, vous le livrer sans défense.

RABAUD. Et j'espère, moi, lui signer une feuille de route avec mon bancal. Et vive la France!!

Ce cri est répété de toutes parts. Tableau de triomphe.

FIN DU TROISIÈME ACTE.

ACTE QUATRIÈME.

Un ancien rendez-vous de chasse au milieu des bois. C'est un pavillon à moitié détruit, entouré d'arcades en ogives, à travers lesquelles on aperçoit la forêt. A droite un portique conduit dans l'intérieur de ce pavillon. A gauche, au premier plan, une statue de la Vierge. Çà et là, des chaises, des banquettes.

SCENE PREMIERE.

MET-A-BAS, PETIT-RENARD, PAYSANS, SENTINELLES, CHOUANS ARMÉS, *etc.*

Des paysans des deux sexes sont diversement groupés au pied de la statue. Sous le portique, à droite, est la table du festin que le Gars donne aux chefs.

CHOEUR DES PAYSANS.

En scène.

Sainte Vierge Marie,
Pitié pour nos douleurs!
Des cieux reine chérie,
Venge tes défenseurs.

CHOEUR DES CHEFS.

Hors scène, à la table du banquet.

Va! l'honneur te réclame
Brave chasseur du roi:
Dieu, ton prince et ta dame,
Voilà ta triple foi.
Pour l'honneur, pour la gloire,
Une double victoire!
Nous voilà!
Hourra!
Combattons
Et buvons!

REPRISE DU CHOEUR DES PAYSANS.

Les chants cessent, les femmes s'éloignent; Met-à-Bas réunit les chouans autour de lui.

MET-A-BAS, *à tous, avec une sombre énergie.* Oui, gars de Marignay et de Saint-James, le recteu vous l'a dit: vous aviez douté d'l'appui du Seigneur, et c'matin à Fougeares vous avez été battus; mais vous avez prié avec ferveur, et l'bé Dieu n'étions plus en colare. J'vous le disons aussi, mé, Met-à-Bas, qui n'vous avons jamais menti.... R'prenez confiance! — Quand nous autres d'la Vivetiare j'sommes avenus ici, on nous a chanté: « Oh! hé! Savez-vous l's'autres? les gars de St-James et de Marignay pensont plutiôt à voler et à piller qu'à s'bé battre. » Il y avait du vrai là-dedans. Faut changer ça.

PETIT-RENARD. Y a temps pour tout.

MET-A-BAS. Paix!... (*A tous.*) Sur ceux qui nous sont dévoués la balle de l'ennemi ne peut rin, et la leur va dret au but. Les revars rouges ont fusillé m'sieur de Bauvan. Eh bé! j'parions ma tête à couper que j'le reverrons aujourd'hui parmi nous. Soyez francs gars! les sodats d'Buoniparte avont peur d'vous? Fauchez-les! fauchez-les! A Rabaud surtout, à Rabaud et au captaine Gibert... c'est deux Satans.

PETIT-RENARD, *à mi-voix.* J'ons tiré sur eux aveuc une balle faite d'un bel écu de fine argent... puich!.. c'est comme si j'avions tiré aveuc une noisette.

Murmure d'étonnement et de terreur.

MET-A-BAS. Là! v's'entendez? méfiez-vous d'eux, méfiez-vous des espions et des contre-chouins, méfiez-vous de tout c'qui venont d'Fougeares... Pour cettuy d'entre vous qui abandonnerions le Gars, ou qui trahirions, la mort sur l'heure! j'me chargeons d'la li donner..... et qu'il soit maudit!

PETIT-RENARD. J' m'y accordons.. c'est nos lois.

MET-A-BAS. Et maintenant vous trouverez sous la feuillée des provisions d'toute espèce, et de bon cidre. Buvez, mangez, réjouissez-vous.... et mettez des piarres neuves à vos fusils.

PETIT-RENARD. C'est y là parler! t'as manqué ta vacation, m'sieur Met-à-Bas... (*A ses compagnons.*) N'est-ce point qui l'avions manquée? (*A Met-à-Bas.*) Aveuc une langue comme ça, t'aurais dû être... carillonneu d' la paroisse.

TOUS. Vive Met-à-Bas!

Le Gars paraît.

TOUS LES CHOUANS, *apercevant le Gars.* Viv' l' Gars!

SCENE II.

LES MÊMES, LE GARS.

Le Gars entre au milieu des acclamations; son uniforme est celui de général en chef; il est décoré du cordon bleu et du crachat, etc.

LE GARS. A moi, Pierre, et toi aussi, Jean Bruneau. (*Aux chouans.*) Allez, mes enfans, allez écouter encore les pieuses exhortations de vos recteurs.

MET-A-BAS. Ça f'ra bé.... car ils en ont tous bé besoin.

Les paysans et les chouans s'éloignent.

SCENE III.

LE GARS, MET-A-BAS, PETIT-RENARD, SENTINELLES.

CHATILLON, *dans la salle du banquet.* A la santé du Gars!

DEUX *ou* TROIS AUTRES VOIX. A la santé du Gars!

MET-A-BAS. A la santé du Gars!

LE GARS, *s'approchant vivement de la porte à droite pour écouter. Après un temps.* Non.... tous n'ont pas pris part à ce toast amical porté par Châtillon.... là aussi de ennemis?... C'est bien... nous saurons les combattre. (*A Met-à-Bas et à Petit-Renard.*) Approchez. (*A Met-à-Bas.*) S'il arrive quelque message ou de nouveaux renforts, qu'on me prévienne à l'instant même.

MET-A-BAS. Oui, m'seigneu.

LE GARS, *à Petit-Renard.* J'ai demandé un sauf-conduit au commandant Rabaud; le voici : (*Écrivant sur son carnet.*) «Demain matin, derrière la roche de Saint-Léonard, près de la chaumière. » (*A Petit-Renard.*) Tu vas aller à Fougères...

PETIT-RENARD. M'é, m'seigneu!...

MET-A-BAS. Gn' y 'a maintenant d'conversation possible aveuc les soldats d'Rabaud qu'à coups de fusil.

LE GARS. Qu'en sais-tu? fais ce que tu apprends à faire aux autres: obéir et se taire.

PETIT-RENARD. O bé Dieu! mé, parmi ces enragés-là? mais ils m'tueront!

LE GARS, *donnant à Petit-Renard son billet et quelques pièces d'or.* Tiens! tu n'as rien à craindre.

MET-A-BAS. Capon!... j'irai, mé, m'seigneu.

PETIT-RENARD, *empochant son or.* Non, non... c'est mé!...

LE GARS. Tu remettras ce billet au capitaine Gilbert.

PETIT-RENARD. C'ti-là d'la Vivetiare?

LE GARS Oui, pars.

PETIT-RENARD, *à Met-à-Bas en sortant.* Mon vieux camarade, tu peux bé payer d'avance pour mé un *requiem*... j'te rembourserons ça.

MET-A-BAS. Va donc! détale, meuchant calin!...

Tous deux sortent.

SCENE IV.

LE GARS, *seul.*

Oui, j'ai dû accorder le combat que réclamait Gilbert... j'avais donné ma parole... (*Indiquant la salle du banquet.*) Ces messieurs, qui connaissent si bien leurs devoirs, me blâmeraient sans doute : Un général, diraient-ils, ne peut exposer une vie à laquelle est attaché le salut de tant d'hommes; mais eux-mêmes, avant de m'obéir, que consultent-ils? Leur intérêt privé; le mien, du moins, s'inspire d'un sentiment que tout Français doit comprendre, l'honneur!.. Ah! quand on peut examiner de près les ressorts qui font mouvoir les hommes, qu'on éprouve de dégoût et d'ennui! que chaque sacrifice devient pénible!... (*Jetant un coup d'œil sur les papiers qu'il tient à la main.*) Que vois-je aussi sur ce papier? le retour de Bonaparte va changer sans doute la politique de l'Europe... A la merci de leurs intérêts et de leur égoïsme jaloux, les puissances ont-elles voulu nous servir? non! c'est la France qu'elles veulent humilier ..asservir peut-être...Humilier la France! l'asservir! et moi, coupable enfant d'une si noble mère, j'aiderais à sa honte! Ah! plutôt cent fois aller combattre à côté du vainqueur d'Arcole! Que suis-je venu faire sur ce sol, déjà trempé de trop de sang français? Hélas! esclave d'un amour insensé, jouet des fureurs jalouses, ou des passions cupides et brutales qui s'agitent autour de moi, j'ai vu s'évanouir, presque en arrivant, mon beau rêve de gloire, et je reste seul et désenchanté... Marie! Marie! Eh! malheureux, ne vaut-il pas mieux que tu croies à son crime! Innocente, elle n'en est pas moins perdue pour toi; coupable, tu quitteras du moins avec joie une vie que sa perfidie aura remplie de tant d'amertume.

Il tombe accablé sur un banc.

SCENE V.

LE GARS, MET-A-BAS.

MET-A-BAS. M'seigneu, on n's'annonce l'arrivée des gars d'Antrain et de Vitré. Où faudra-t-il qu'i campiont? tous les hameaux d's'environs sont pleins de nos gens.

LE GARS, *se relevant vivement.* Je vais moi-même désigner le terrain... (*A part.*) Ah! mon devoir! mon devoir! Brisons un joug honteux. Marie! Marie! Au milieu de mes compagnons d'armes, j'effacerai jusqu'à ton souvenir! (*A Met-à-Bas.*) Si l'on me demande, je suis ici dans un instant.

SCENE VI.

MET-A-BAS, *seul.*

Not' Gars a encore des regrets d'sa belle citoyane..... j'parions qu'si alle li disions un mot, j'parie qu'il irait la trouver jusque dans Fougeares; il est trop amoureux et trop confiant... ça n'vaut rin! ils me le tueront... et ma piau n'vaudra point alors celle d'un chien.

SCENE VII.

MET-A-BAS, CHATILLON, HUBERT, COURTIN, MADAME DE MONTBRIANT, COTTEREAU, MONTABOT, LE COMTE DE ***, *sortant de la salle du banquet.*

CHATILLON, *entrant le verre à la main et la serviette à la boutonnière.* Vive le Gars! Il fait toujours bien les choses, après une défaite comme après un triomphe! voilà ce qui s'appelle savoir réparer un échec. Après un tel festin, corbleu! on se battrait contre Lucifer même.

Mme DE MONTBRIANT *entrant avec Cottereau, Montabot, le comte de**** Oui, mon cher Cottereau, vos demandes sont justes : mais de la patience.

COTTEREAU. Il faut enfin qu'on tienne ses promesses.

Mme DE MONTBRIANT. Sans doute. (*A part.*) Bien! le voilà comme je le voulais..... A tout prix chassons loin d'Alfred les souvenirs de la Vivetière!

CHATILLON. Pourquoi donc notre héros nous a-t-il sitôt quittés?

MET-A-BAS. Des ordres à donner pour le campement des gars d'Antrain et de Vitré.

CHATILLON, *levant son verre.* A sa gloire! (*à la comtesse*) et à l'éternel pouvoir de vos charmes! (*A la sentinelle.*) A toi, mon vieux! vide mon toast... ça vaut un peu mieux que ton cidre.

Mme DE MONTBRIANT, *à mi-voix à Cottereau et à ses amis.* Oui, le souvenir de cette femme l'occupe toujours, et tant qu'il la saura près de lui, nous ne ferons rien qui soit digne de nous, et nous serons battus.

COTTEREAU. Nous vous seconderons, madame; je saurai provoquer une prompte explication; soyez tranquille. Le voici..... Voyez donc sa mine soucieuse! (*A ses amis.*) Elle voudrait nous jeter en avant, dans les seuls intérêts de sa jalousie. Nous prend-elle pour des niais?

SCENE VIII.

Les Mêmes, LE GARS.

LE GARS, *à Mme de Montbriant.* Vous m'avez excusé, madame? (*Aux chefs.*) Messieurs, nous sommes prêts à ressaisir tous nos avantages. Des renforts nous arrivent. Les gars d'Antrain et de Vitré seront ici dans quelques heures.

Mme DE MONTBRIANT, *à part.* Qu'il est bien!

COTTEREAU, *bas à Montabot, lui montrant les décorations du Gars.* Tout est pour lui!

LE GARS. Avez-vous tout disposé, madame, pour recevoir dignement nos nobles hôtes?

Mme DE MONTBRIANT. Oui, général, et le loyal vin d'Anjou ne manquera pas à nos gars.

CHATILLON. Pas plus qu'il ne nous a manqué à votre splendide banquet. Ah! pourquoi ce pauvre Bauvan n'a-t-il pas été des nôtres!

LE GARS, *fronçant le sourcil.* Bauvan!... Qui sait s'il n'a pas été puni d'un mensonge?

Mme DE MONTBRIANT, *bas à Cottereau.* Entendez-vous?

COTTEREAU. Un mensonge? son seul tort est de ne pas avoir tué sur place une misérable espionne...

LE GARS. Monsieur!... (*Se maîtrisant.*) La mort de M. de Bauvan n'en est pas moins une grande perte pour nous.

Mme DE MONTBRIANT. Mais est-il bien certain qu'il ait péri dans le combat?

COTTEREAU. S'il a échappé à la mort sur le champ de bataille, il n'aura pas échappé aux balles de Rabaud sur la grande place de Fougères. (*Au Gars.*) Nous pensons, général, que ce serait une folie de nous obstiner à la prise d'une bicoque, et que ce que nous avons de mieux à faire...

CHATILLON. Ah! ah! allons-nous tenir ici conseil de guerre?

COTTEREAU. Au temps où nous sommes, sur le champ de bataille comme à table, au bivouac comme dans la salle de bal, le conseil de guerre est partout en permanence.

LE GARS, *d'une voix sourde et amère.* Nous ignorions, monsieur Cottereau, que vous fussiez un logicien si profond et un si savant tacticien... pardon!... Et vous, madame, quel est votre avis? Vous savez avec quel plaisir je l'ai toujours suivi.

Mme DE MONTBRIANT, *à demi-voix.* Toujours!... que n'en a-t-il été ainsi! (*Haut.*) Eh bien! puisque vous l'exigez, j'avouerai que je pense comme ces messieurs...

LE GARS, *à part.* C'est un coup monté par elle... je m'en doutais.

Mme DE MONTBRIANT. Notre position ici n'est pas tenable. Fougères, avec ses rochers et sa garnison commandée par l'un des plus braves officiers de l'armée, est imprenable.

COTTEREAU *et* AUTRES. Oui! oui!

CHATILLON. Paix! messieurs.

Mme DE MONTBRIANT. Cherchons une lice plus digne de nous...

COTTEREAU. Bravo! partons! partons!

LE GARS. Silence!... je vous ferai bientôt connaître les ordres que j'ai reçus..... (*A Mme de Montbriant, bas.*) Insensée! j'ai deviné vos projets, ils ne s'accompliront pas!

Mme DE MONTBRIANT, *de même.* Songez à votre gloire!

LE GARS. Vous essayez de la flétrir. (*Haut et d'un ton libre et galant.*) J'espère, belle dame, que vous voudrez bien ouvrir le bal avec moi?

Mme DE MONTBRIANT. Au bal, au combat.... toujours auprès de vous!...

Le Gars a donné la main à Mme de Montbriant; Cottereau, et quelques autres se jettent au-devant de lui.

COTTEREAU. Puisque vous nous retenez dans cette souricière où nous pouvons être pris d'un moment à l'autre, je veux y rester, du moins, à de certaines conditions.

LE GARS. Laissez-moi donc passer, monsieur Cottereau! Si nous allions, madame, au-devant de nos hôtes?

COTTEREAU. Pardon, général..... mais j'exige une réponse.

LE GARS. Vous exigez!

CHATILLON, *à Cottereau.* Osez-vous bien?

Mme DE MONTBRIANT. Que faites-vous, Cottereau?

LE GARS. Il suit l'exemple qu'on lui a donné, madame. Taisez-vous, mon cher Châtillon. « Chacun pour soi, puisque Dieu est pour tous. » Tel est le mot d'ordre de ces messieurs... je m'y attendais... mais pas sitôt, je l'avoue. (*A Cottereau et aux autres.*) Eh bien! messieurs, voyons!... parlez : je suis là pour faire droit à vos demandes.

Mme DE MONTBRIANT, *à part.* Que va-t-il faire? Je tremble...

COTTEREAU. On m'a trop abusé avec des promesses. Vous avez des brevets en blanc; je demande celui de colonel... ou ma soumission au gouvernement... (*Se retournant vers ses amis.*) Je ne suis pas venu ici, moi, pour faire l'amour!

LE GARS, *tirant son épée à moitié.* Qu'osez-vous dire, monsieur?

Mme DE MONTBRIANT. De grâce, messieurs...

LE GARS, *après un effort sur lui-même.* Et vous, monsieur de Montabot, que demandez-vous?

MONTABOT. Le rang de maréchal de camp : il m'est dû.

LE GARS. C'est modeste... Et vous, monsieur le comte?

LE CHEF, *montrant les insignes du Gars.* Ce que vous portez là.

LE GARS. Oh! mon Dieu! monsieur, si vous risquez des jours si précieux pour cette babiole, je vais vous donner la mienne. Et toi, mon vieil Hubert, n'as-tu rien à demander aussi? parle avec franchise, comme ces messieurs.

HUBERT. Moi, mon cher maître!..... qu'on vous rende vos bois, que j'en sois encore le gardien, et tous mes vœux sont comblés.

LE GARS. Digne ami!.. (*A Mme de Montbriant.*) Voilà, madame, un brave qui n'a pas besoin de lettres de noblesse pour agir noblement. Châtillon, vous irez à Londres, et vous ferez connaître à qui de droit et comment ces messieurs et moi nous avons rempli nos devoirs. A mon tour maintenant, messieurs! Vous vous êtes déjà plaints de ma clémence... et de ce que vous avez osé nommer mon amour, mon indigne amour pour une infortunée qui fut égarée peut-être, plutôt que criminelle à dessein... Aujourd'hui vous insultez à votre général.. je ne suis plus, en effet, digne de vous commander. Vous voulez monter, messieurs, et moi, j'aspire à descendre. (*Tirant un parchemin de sa poche.*) Voici les lettres patentes qui me nomment lieutenant-général en Bretagne.... Je ne leur demandais d'autre droit que de verser mon sang le premier, et non de servir des ambitions coupables... qu'elles soient donc anéanties!

Il déchire les lettres patentes.

Mme DE MONTBRIANT, CHATILLON, HUBERT. Que faites-vous?

LE GARS. Mon devoir! Je ne suis plus votre général, messieurs... je suis simple soldat. Voyons, voyons! des épaulettes de laine, un mousquet. Qui de vous veut me conduire au feu?

CHATILLON. Quand plus que jamais vous êtes digne de nous commander!...

Mme DE MONTBRIANT. Alfred! qui ne voudrait vous obéir!...

LE GARS, *à mi-voix.* Apprenez donc à me connaître!

COTTEREAU, *s'approchant tout-à-coup du Gars avec d'autres chefs.*) Mon général, pardonnez un moment d'erreur... je cède à l'ascendant d'une belle ame.

LE GARS. J'ai retrouvé mes compagnons d'armes! Embrassez-moi, Cottereau; Montabot, embrassez-moi! ralliez-vous franchement à moi, et nous pourrons encore gagner des victoires.

Mme DE MONTBRIANT, *à part.* Et je perdrais le cœur d'un tel homme! non, non, jamais!

COTTEREAU. Maintenant, mon général, donnez ou refusez, allez où vous voudrez, aimez qui bon vous semble, je déclare que je suis de votre avis en tout, partout et contre tous.

LE GARS. Oublions tous ces tristes débats, et ne songeons plus qu'au plaisir.

Mouvement au fond.

CHATILLON. Voici, je crois, nos amis.

LE GARS. Allons les recevoir.

Il remonte la scène avec Mme de Montbriant, ils vont au-devant des personnes invitées à la fête.

SCENE IX.

LES MÊMES, GENTILSHOMMES *et* DAMES, PARTISANS DU GARS, VALETS, SUITE, CHOUANS, PAYSANS DES DEUX SEXES, *etc.*

Les personnes attendues entrent annoncées par le maître d'hôtel du Gars; le Gars redescend la scène, livré à ses tristes pensées.

LE MAITRE-D'HOTEL, *annonçant*. M. et Mme d'Ingleville! M. et Mlle de Linière!

Mme DE MONTBRIANT, *suivant des yeux le Gars, et le montrant à Châtillon*. Chevalier, regardez Alfred.

LE MAITRE-D'HOTEL, *annonçant*. MM. de Courval!.. M. et Mme de Préval!

Mme DE MONTBRIANT, *à Châtillon*. Voyez! le voilà retombé dans ses rêveries.

LE MAITRE-D'HOTEL, *annonçant*. M. et Mme de Pomenars!

Le fond de la scène se garnit d'une brillante réunion, qui rappelle, par sa mise et ses manières, la haute société de l'ancienne cour.

LE GARS, *se relevant vivement et allant de groupe en groupe*. Pardon, belles dames, si je n'ai pu vous réunir en des lieux plus dignes de vous; mais voici maintenant quels sont nos salons... L'on y trouve du moins plus de franchise et de loyauté que dans ceux de Paris et de Londres. (*A Châtillon.*) Séduisant coup d'œil! cela nous rappelle, chevalier, les réunions champêtres de Marly et de Trianon; et c'est beaucoup plus piquant. Nous dansons sur un volcan... comme du temps de la Fronde: le matin combat, le soir bal... C'est charmant!

CHATILLON, *en riant*. Délicieux, d'honneur!

LE MAITRE-D'HOTEL, *annonçant*. M. de Bauvan!

TOUS, *avec un cri de surprise*. Bauvan!

SCENE X.

LES MÊMES, BAUVAN, MARIE, *voilée; puis* MET-A-BAS *et* PETIT-RENARD.

Bauvan entre, donnant la main à Marie; le costume de Marie contraste avec celui des autres dames: elle est habillée à la grecque. Moment de silence. Bauvan et Marie s'arrêtent au fond.

CHATILLON. Ce cher Bauvan! on le disait fusillé... pour le moins.

COURTIN. Par quel miracle nous est-il rendu?

BAUVAN. Oui, un miracle! Maître de ma vie, un ennemi généreux ne s'est vengé qu'en brisant mes fers.

Mme DE MONTBRIANT, *se modérant avec peine*. Monsieur de Bauvan, désignez-le à notre reconnaissance.

BAUVAN. Mlle Marie de Verneuil!

TOUS. Marie Verneuil!

LE GARS. Marie!

BAUVAN, *appuyant*. La fille du duc de Verneuil! Monsieur de Vitré, madame de Montbriant, et vous tous qui composez cette noble assemblée, permettez-moi de vous présenter ma libératrice.

Il descend la scène avec Marie qui a levé son voile.

Mme DE MONTBRIANT. C'est bien elle!

LE GARS. Marie!... mais non! non!.. c'est un rêve! une illusion!...

Mme DE MONTBRIANT. Oser reparaître au milieu de nous! Que vient-elle y chercher!

BAUVAN. Je me suis déclaré son défenseur et son chevalier.

LE GARS, *s'avançant vivement vers lui*. Vous son défenseur, monsieur; vous son chevalier, monsieur! parlez ainsi partout ailleurs que devant moi. Elle vous a, dites-vous, sauvé la vie?

MARIE, *au Gars, sans le regarder*. Oui, monsieur, le ciel m'a rendue l'arbitre de la destinée de celui qui fut mon accusateur: il a reconnu son erreur fatale, il m'a prise sous sa garde et je n'en veux pas d'autre.

LE GARS. Et cependant, Marie, vous n'en aurez pas d'autre que la mienne; moi seul ici ai le droit de vous protéger... (*A Bauvan.*) Ainsi donc, monsieur, vous venez défendre l'honneur de cette jeune fille, après l'avoir indignement outragée? Mais savez-vous bien, monsieur, quelle responsabilité terrible pèse sur vous? Écoutez, mes nobles hôtes! écoutez!.. Hier un mot de M. de Bauvan a livré Marie de Verneuil à mes mépris et à la fureur des nôtres; hier un mot, un seul mot de M. de Bauvan a fait verser des flots de sang, pour nous ineffaçable souillure! S'il dit vrai maintenant...

BAUVAN. Je dis vrai; et je ne pouvais supposer que l'aveu de ce que je croyais alors la vérité pût amener des résultats si funestes.

LE GARS. Ainsi vous déclarez maintenant... Ecoutez, écoutez tous! car si nous avons commis un crime, nous ne reculerons pas plus devant l'expiation que nous avons reculé devant la vengeance; ainsi vous déclarez, monsieur, que Marie de Verneuil est un ange sortie pure hier des griffres sanglantes d'un démon?...

BAUVAN. Je déclare hautement qu'hier, par une erreur involontaire, j'ai attenté aux droits les plus sacrés.

LE GARS. Ainsi vous reconnaissez vos torts?

BAUVAN. Et je jure de les réparer!

LE GARS, *à lui-même*. Horreur et délices!... (*A Marie.*) Maintenant, Marie de Verneuil, qu'exigez-vous de nous?

Tout le monde s'assied.

MARIE. Ma présence ici a dû vous étonner, messieurs? Et cependant la fille du duc de Verneuil n'est-elle point à sa place parmi ses pairs?

Mme DE MONTBRIANT. Usurper de nouveau un nom illustre!...

MARIE. Il est le mien! C'est vous tous que j'appèlle à juger mes droits, vous devant qui je viens défendre la mémoire de mon père!

Mme DE MONTBRIANT, *se levant.* Son père! que d'audace et d'insolence!...

Murmures.

BAUVAN. J'ai des preuves authentiques entre les mains!

LE GARS. Marie de Verneuil, parlez!

Mme DE MONTBRIANT. Impostures! .. C'est la seule réponse que doit faire à la citoyenne Marie le héros qu'elle voulait vendre aux agens de Fouché!

LE GARS. Madame!... (*A Marie.*) Marie de Verneuil, parlez!

Mme DE MONTBRIANT. Non, non! qu'elle s'éloigne!...

PLUSIEURS VOIX. Oui, oui! qu'elle parte! (*D'autres.*) Non!

Clameurs, tumulte.

LE GARS. Paix, messeigneurs!...(*A mi-voix, à Mme de Montbriant.*) Voulez-vous lutter contre moi, madame?.. Ne l'essayez pas! Alfred de Vitré vous le conseille; et le général vous rappelle pour la dernière fois que lui seul a le droit ici de donner des ordres... (*Mme de Montbriant retombe sur son siége. Le Gars, à Marie.*) Marie de Verneuil, parlez!

MARIE. Outragée et méconnue, j'ai dû paraître devant vous pour faire rougir de leur iniquité mes accusateurs, mes juges et les assassins de mes frères.

Mme DE MONTBRIANT, *à tous.* Et vous pouvez souffrir!..

LE GARS. Innocente, elle a droit de tout dire, et nous devons tout entendre. (*A Marie.*) Hâtez-vous, Marie, de détruire les mensonges de la haine.

MARIE. La vengeance de Marie de Verneuil sera de ne vous laisser aucun doute... Mais ne pensez pas que ce soient de vains titres de noblesse qu'elle vienne réclamer en ces lieux; non, je suis votre ennemie! je mérite peut-être votre haine; mais je n'ai pas voulu vous laisser le droit de me mépriser. Cette femme serait trop heureuse de ma honte!... et vous, Alfred de Vitré, vous qui me devez la vie, vous n'aurez aucune excuse à votre ingratitude. M. de Bauvan sait tout maintenant... Demandez-lui comment l'orpheline, trompée par sa reconnaissance même, avait pu accepter les bienfaits d'un Vanblas.

LE GARS, *à lui-même.* Ah! qu'ai-je fait, insensé!...

MARIE, *à Bauvan.* Maintenant, monsieur, il est temps que je vous dégage des services que j'avais imposés à votre reconnaissance. Je confie à votre honneur le soin de faire connaître à tous les preuves irrécusables que je vous ai confiées.

BAUVAN. La vérité triomphera, madame, n'en doutez pas!

LE GARS, *se levant avec transport.* Bauvan, votre conviction a déjà dû passer dans tous les cœurs... Arrêtez, Marie! (*S'inclinant devant elle.*) On peut s'abaisser sans honte devant tant de courage et de charmes... Marie de Verneuil, c'est à vos pieds que je déplore une fatale erreur, et c'est à vos pieds qu'au nom de tous j'en demande le pardon!

Tout le monde se lève; Chatillon et d'autres chefs s'approchent de Marie qu'ils saluent avec respect; en ce moment paraissent Met-à-Bas et Petit-Renard.

MET-A-BAS, *bas à la comtesse.* Eh bé! est-ce que c'te espionne qui nous a trahis va s'en aller ainsi donc?

Mme DE MONTBRIANT, *bas.* Écoute!

Elle lui parle bas.

MARIE, *à Bauvan.* Veuillez, monsieur, me reconduire aux avant-postes de Fougères.

LE GARS, *à mi-voix.* Marie! mon désespoir ne trouvera-t-il pas grâce devant vous?

MARIE. Adieu!... adieu pour jamais!... (*A Bauvan.*) Venez, monsieur, venez!...

Elle sort avec Bauvan.

Mme DE MONTBRIANT, *à part.* Elle ne m'échappera plus!

Met-à-Bas et Petit Renard sortent sur les pas de Marie.

SCÈNE XI.

LES MÊMES, *à l'exception de* MARIE *et de* BAUVAN, *de* MET-A-BAS *et de* PETIT-RENARD.

LE GARS, *à lui-même.* Oh! je la reverrai, dussé-je périr!...

Mme DE MONTBRIANT. Revenez à vous pour l'amour de vous-même.

LE GARS, *prenant un air joyeux.* Allons, belles dames, et vous messeigneurs...

CHATILLON. Ma foi! jusqu'à présent rien ne ressemble moins à un bal que notre réunion. A la danse! à la danse!

On se dirige vers le portique à droite. Tout-à-coup on entend le bruit des tambours.

COTTEREAU. Voici les gars d'Autrain et de Vitré!... voici nos renforts!

SCÈNE XII.

LES MÊMES, CHOUANS, PAYSANS ARMÉS, *ayant à leur tête leurs chefs.*

Une troupe de paysans entre, son colonel en tête.

LE GARS. Colonel, soyez le bien venu, vous et vos braves camarades!

Au son des tambours et de la musique militaire, les Gars vont se ranger au-delà des arcades du fond, aux cris de : VIVE LE GARS! Reparaît Bauvan, pâle, les habits en désordre et un tronçon d'épée à la main.

SCENE XIII.

LES MÊMES, BAUVAN.

Bauvan attire le Gars à l'avant-scène; Mme de Montbriant l'aperçoit et paraît troublée.

CHATILLON, *à Hubert*. Ah! Bauvan est déjà de retour?

Mme DE MONTBRIANT, *à part*. Ils l'ont lâché!... les maladroits!...

BAUVAN, *au Gars, à mi-voix*. Monsieur de Vitré, je veux éviter de nouveaux troubles; mais je dois vous demander vengeance du plus odieux attentat.

LE GARS, *bas*. Qu'est-ce? moins haut, monsieur! moins haut!

BAUVAN. Marie de Verneuil vient de m'être enlevée par violence, en votre nom, presque au sortir de cette forêt.

LE GARS. Marie enlevée en mon nom!

BAUVAN. Il a fallu céder au nombre. J'aurais été entraîné moi-même si quelques-uns de ceux qui nous ont attaqués ne m'avaient pas reconnu.

LE GARS. Marie enlevée!... en mon nom!... Qui a pu commettre ce nouveau crime? (*Apercevant Mme de Montbriant qui s'est approchée d'eux.*) C'est elle!

Mme DE MONTBRIANT, *à mi-voix*. Eh bien! oui, c'est moi!... moi qui veux t'arracher à ta perte!

LE GARS. Tremblez, s'il ne me reste qu'à la venger.

Mme DE MONTBRIANT. Je la poursuivrai jusqu'au tombeau!...

BAUVAN. Courons la délivrer.

LE GARS. Non, restez! c'est moi, moi seul...

Mme DE MONTBRIANT. Chevalier des déesses de la raison, vous me faites pitié!...

LE GARS. A toi seule désormais mon mépris et ma haine, comtesse de Montbriant!

Il sort avec Bauvan.

CHATILLON, *voyant sortir le Gars, à Mme de Montbriant*. Qu'y a-t-il donc encore?

Mme DE MONTBRIANT, *relevant vivement la tête et de l'air le plus riant*. Un bal à commencer, chevalier... Je vous accorde la première contre-danse. En place, messieurs, en place! et la main à vos dames!

Au moment où le bal va commencer, la toile tombe.

FIN DU QUATRIÈME ACTE.

ACTE CINQUIÈME.

Premier Tableau.

Un intérieur de chaumière bretonne. Au fond, d'un côté, la porte d'entrée; de l'autre, une croisée avec barreaux et contrevents. Du même côté, de grossiers rideaux de serge verte cachent un lit; en avant, au premier plan, une autre porte. En face, une grande image de saint Labre, à quelques pieds du sol; devant est une table sur laquelle sont un livre de prières, une lampe, des gobelets, bahut, meubles grossiers, un tonneau de cidre dans un coin de la pièce, etc.

SCENE PREMIERE.

VIDE-PICHÉ, MARGUERITE, L'ENFANT.

Un des agens de Vanblas entr'ouvre un des contrevents de la fenêtre, et regarde dans l'intérieur, puis il le referme; le bruit attire Vide-Piché qui entre un pot de cidre à la main.

VIDE-PICHÉ, *entrant*. On y va! on y va!.. Hein? personne!... si gn' y'a personne, dites-le. J' croyions qu'on m'avions appelé d' ce côté.

MARGUERITE. Tu vouois et t'entendons tout d' travers, not' homme... ça n' vaut rin d' boire comme ça tant de pichés, drès le grand matin.

VIDE-PICHÉ, *buvant*. Faut bé s' donner un brin d' couragé... Tout c' qui s' passons dans not' chaumière n'est pas rassurant du tout! j' sommes si près d' Fougeares!

MARGUERITE. Not'-Dame-d'Auray nous protég'ra.

VIDE-PICHÉ. Ah! que j' sis piteux d'avoir accepté la surveillance de c' côté de Fougeares pour rendre compte aux nôtres de tous l' mouvemens du commandant.

MARGUERITE. Ne sons-je pas connus tout fin drès pour d' pauvres paysans qui allons tout bonnement vendre nos provisions au marché de Fougeares? Et pis, ici, c'est c' qu'ils app'lons un terrain neutre...

VIDE-PICHÉ. Oui, un terrain neutre, où c' qui venons tour à tour boire not' cidre et manger nos galettes. (*Il boit.*) Ah!

j' crains bé que l'arrivée de cette citoyane dans not' chaumière n' nous porte guignon!... Mais queulle idée aussi a ĉhue not' Gars de la faire porter ici, au milieu de la nuit et encore toutévanouite, après l'avoir arrachée à Met-à-Bas et à Petit-Renard, et d' nous laisser seuls avec elle?

MARGUERITE. Fallait-y pas qui r'tournions à Saint-James, à sa fête?... Il a bé dit qui r'viendrait drès c' matin, au premier chant du coq. A-t-elle paru surprise c'te citoyenne, quand alle ç'a vue ici! j' li ons tout raconté: alle pleurait! alle m'a bé remerciée de tous mes soins...et alle m'a glissé ça dans la main.

VIDE-PICHÉ. Une pièce d'or! donne.

MARGUERITE. Nenni! qu' tu la boirais.

VIDE-PICHÉ. Oh! bé, garde! alle m'en baillera autant; car j' vas la ramener à Fougeares, où c' qu'elle voulons retourner sur-le-champ, à c' que tu m'as dit.

MARGUERITE. N' te presse point; m'est avis qu'elle n' sera point fâchée d' revoir le Gars... quoi qu'alle en disions.

VIDE-PICHÉ. Voyez-vous ça!.. ces femmes, bleues ou blanches, c'est toutes les mêmes.

MARGUERITE. Et tu dis donc, not' homme, qu' les gars d'Antrain et de Vitré sont arrivés?..

VIDE-PICHÉ, *arrangeant une hotte.* Oui.

MARGUERITE. En connais-tu queuques-uns d'ces gars-là?

VIDE-PICHÉ. Non; mais j'f'rons connaissance. J'pars, not' femme, té, veille à tout... si not' Gars revenons et qui y arrivint malheur, j'serions perdus! m'sieur Met-à-Bas ne plaisantons pas, non!

MARGUERITE. J'savons bé.

L'ENFANT. Oh! il est si méchant, m'sieur Met-à-Bas! n'est-ce point, mère?

MARGUERITE. T'en avons peur, té, not' petiot?

VIDE-PICHÉ. Je me méfissions encore plus.

MARGUERITE. Oui, oui, méfisse-té.

VIDE-PICHÉ. D'ce câlin de Petit-Renard, qui est mein cousin... et un coquin.

MARGUERITE. Not' bon saint Labre est là... et j'ons allumé à c'matin la lampe devant sa sainte image.

On frappe à la porte du fond.

VIDE-PICHÉ. Queu c'est que ça! qui peut frapper en seigneu?...

MARGUERITE. C'est p't'être not' Gars...

VIDE-PICHÉ. Deujà?... il est vrai que l's'énamourés...

MARGUERITE. Ouvre vite.

VIDE-PICHÉ, *allant ouvrir.* Entrez, monseig... (*Il recule effrayé.*) Ah! bonne sainte Vierge! qui sont ceux-là?

SCENE II.

LES MÊMES, VANBLAS, AGENS *en contre-chouans.*

VANBLAS, *un fusil à la main, avec l'accent breton.* Eh bé! eh bé! n'aie pas peur! (*A part.*) Marie est ici; le Gars l'y a amenée: il y reviendra. (*Haut.*) Naie pas peur que j'te dis... c'est nous.

VIDE-PICHÉ. Qui vous?

VANBLAS. Des vôtres! c'est bé toi qu'es Labre Cagnard.

VIDE-PICHÉ. Ladre Cognard? j'connais point.

VANBLAS. Labre Cagnard, dit Vide-Piché?

VIDE-PICHÉ. L'âpre Coinelard, dit Vil-Piché?... j'connais point.

VANBLAS. Comment! tu ne connais point Labre Cagnard qui a épousé la fille à Jean Pingru de la Vivetiare?

VIDE-PICHÉ, *ayant l'air de chercher.* L'âpre Coinelard, dit Vil-Piché, qu'a épousé la fille à Jean Pingru de la Vivetiare?... ah!... j'connais point.

VANBLAS, *à part.* Chien maudit! (*Haut.*) Allons, allons, rassure-té; j'sommes d's'amis.

VIDE-PICHÉ. J'connais point.

VANBLAS. Tu nous connaîtras tout-à-l'heure. Mais, dis, n'est-ce point ici que notre grand Gars doit vindre à c'matin?

VIDE-PICHÉ. Ici! (*A part.*) Ah! mein doux Sauveur! comment sait-il?...

MARGUERITE, *bas à son mari.* Prends garde! c'est p't'être des contre-chouins.

VIDE-PICHÉ, *bas.* L'enfant dehors! si l'Gars vient, il l'avertira.

L'ENFANT, *bas à sa mère.* J'vas, j'vas... sois bé tranquille, mère.

Il disparaît.

VANBLAS, *à Vide-Piché.* Approche donc, et réponds-mé. Je te demandions si c'n'était point ici que not' Gars devait veni.

VIDE-PICHÉ. J'connais point.

VANBLAS. Tu n'connais point l'Gars? ah ça! t'gausses-tu d'nous, ou nous prends-tu pour des contre-chouins?

MARGUERITE. Dam!.. les soudards mettons aussi parfois des piaux de bique.

MANBLAS, *jouant la colère.* Par Notre-Dame d'Auray! nous prendre pour ces brigands-là!...

VIDE-PICHÉ. N'vous fâchez point!.. vous êtes... ce que vous êtes.

VANBLAS. C'est assez jusse... J'approuvons vot' méfiance: alle prouve que vous méritez bé la confiance du Gars.

MARGUERITE. Qné qu'vous êtes enfin?

VANBLAS. Des Gars de Vitré. (*Montrant*

son fusil.) Et la preuve, c'est q'v'là un bâton creusé d' l'Angueltarre que vot' saint recteu a béni hier.

VIDE-PICHÉ. Ah!.. (*Bas à sa femme.*) C'est un fusil inglais tout d'même.

MARGUERITE. C't' égal, défisse-té tout d'même.

VANBLAS. J'serons pas d'trop ici : car v'là qu'en arrivant j'avons rencontré deux revers rougès qui rôdions près de l'échalier du grand chêne.

MARGUERITE. Ah! bé Dieu! (*Bas à son mari.*) C'est par là que l'Gars doin arriver!

VANBLAS. N' craignez rien, la bonne femme... ils avons reçu un passeport pour l'autr' monde.

VIDE-PICHÉ. Sans confession? bé fait.

VANBLAS, *lui montrant une bourse.* Tiens, vois ce que nous avons trouvé sur eux.

VIDE-PICHÉ. Sont-y riches, ces gueux-là!

VANBLAS. Comme t'es des nôt's, tu s'ras peut-être appelé au partage...

VIDE-PICHÉ. Certainement qu'y a gros que je sis des vôt's... pour ça.

VANBLAS. Oh! il y a encore queuques bons coups à faire... Mais, dis donc, est-ce que tu n'as point queuques bons pichés d'cidre à donner à d' s' amis?

VIDE-PICHÉ. Oh! pour ça, encore oui. (*Il remplit deux pichés et puis les gobelets.*) A vot' santé, les gars de Vitré!

MARGUERITE, *bas à son mari.* Défisse-té toujours et n' bois point.

VANBLAS, *buvant.* A la santé du Gars!

VIDE-PICHÉ. Et du grand saint Labre mein patron! v'là qu'est parlé.

VANBLAS. Encore une fois!

VIDE-PICHÉ. Toujours!

MARGUERITE, *voulant le retenir.* N' bois donc plus! j' n' veux point...

Elle veut arracher le gobelet à son mari; Vide-Piché la repousse rudement.

VIDE-PICHÉ. La paix du bé Dieu, not' femme!...

VANBLAS. Ohé! ohé! calmons-nous, l' s' amis! Apprenez à c't' heure pourquoi j' sommes avenus. Vot' recteu, qui n'avons pas plus d' confiance qui n' faut dans la belle citoyenne que not' Gars doit venir voir à c' matin cheux vous...

VIDE-PICHÉ. Il a raison, l' saint homme! faut jamais avoir trop d' confiance.

VANBLAS. Y nous dit : « Ohé! les gars » de Vitré, » qui nous dit, dit-il : « V's êtes » dévoués corps et ame à not' Gars; dix » hommes de bonne volonté en avant avec » Pierre Landru! (Mé, que v'là) pour gar- » der la chamniare de Vide-Piché, où no- » tre Gars doit se rendre, probablement » seul... il est si témaraire! »

VIDE-PICHÉ. Bé Dieu! oui... tout seul.

VANBLAS, *à part.* Bien! (*Haut*). « Vous » pourrez le défendre, s'il est nécessaire, » q'e dit toujours l' recteu.

VIDE-PICHÉ, *bas.* Dis-donc, Marguerite, c'est not' saint recteu qui les envoyons. Il sait tout, ma fé!

MARGUERITE, *ébranlée.* J' vois bé!

VANBLAS. As-tu encore des doutes?

VIDE-PICHÉ, *buvant.* Dam, q' vous voulez? c'est qu' m'sieu Met-à-Bas... (*Jetant un regard avide sur la bourse de Vanblas.*) Laissez-mé donc voir d' près ces jaunets-là.

VANBLAS, *lui donnant quelques pièces.* Regarde ceux-ci à ton aise; ils sont à té.

VIDE-PICHÉ. Merci!... Vous dites qu' vous vous nommez?...

VANBLAS. Appelle-moi Mène-à-Bien; c'est mon nom de guarre.

VIDE-PICHÉ. Oh bé! ma fé, tope! t'es bé des nôtres. J' parions qu' c'est m'sieur Met-à-Bas qui t'a donné ton sot de briquet, comme y disons.

VANBLAS. Jusse. Ah çà! il n' faut point prévenir l' Gars ni parsonne que j' sommes ici.

VIDE-PICHÉ. Convenu.

VANBLAS. C'est l' recteu qui le recommandons.

VIDE-PICHÉ. Convenu.

VANBLAS. Not' Gars, qu' est brave comme dix et amoureux comme cent, n'veut point qu'on s' mêle de ses affaires; et c'est sans qu'il le sachions qu' vot' recteu n's ordonne d'veiller sur m'seigneu.

VIDE-PICHÉ J'comprends bé.....

VANBLAS. On approche de ce côté...

MARGUERITE, *regardant.* C'est la citoyane. Alle aura entendu du bruit.

VANBLAS. J'pars : il n'faut pas qu'alle nous voie. J'allons rôder au dehors.... et veiller sur alle, sur lui, sur vous : soyez bé tranquilles.

VIDE-PICHÉ. Mé, j'allons à Fougeares porter not' beurre, et voir ce qui s'y passe.

VANBLAS. Tu ne crains point d'êt' arrêté?

VIDE-PICHÉ. Oh! qu' non! y m'prenons tous pour un imbécile...

VANBLAS. Tou l' monde t' connaît donc là-bas?

VIDE-PICHÉ. Oui; mais j'sis pus fin qu'eux.

VANBLAS. Il y paraît. A revoir, l'ancien.

VIDE-PICHÉ. Sans adieu, Mène-à-Bien...

VANBLAS. Sans adieu, finot!

Ils sortent tous, Marie entre.

SCENE III.

MARIE, *seule.*

Sauvée par lui!.. par lui!.. ah! je puis

encore tenir à la vie. Cette femme! Déjà les propos de ses horribles satellites me glaçaient d'horreur et d'effroi!... Je l'abhorrais, ah! maintenant je souffrirai moins en pensant à elle; je la méprise.... Mais le jour est venu... il faut quitter cette chaumière. Les motifs qui m'avaient entraînée loin de Fougères étaient sacrés; ma tâche est accomplie; achevons d'accomplir mon devoir.... fuyons! Mais je ne m'éloignerai pas de cet asile sans laisser à ces bonnes gens un gage de ma reconnaissance.... (*Elle tire une bourse et la glisse sous le livre de prières.*) Maintenant, je puis partir. O toi que j'aurais tant aimé... que j'aime encore de toutes les forces de mon ame, adieu! tous nos nœuds sont brisés, brisés par toi!.. C'en est fait! partons.

Elle va sortir; le Gars paraît.

SCENE IV.

MARIE, LE GARS.

LE GARS. Marie!

MARIE. Alfred!

LE GARS. Ma bien-aimée, je suis à tes genoux! dis-moi que tu m'as pardonné.

MARIE. Monsieur....

LE GARS. Ah! ne détourne pas cette tête adorée... Marie, mon pardon!

MARIE. Quittez cette humble posture, monsieur... Qu'ai-je à pardonner? Marie de Verneuil a tiré des calomniateurs de son père et des siens la seule vengeance digne d'elle et de lui.

LE GARS. Et jamais la vertu et la beauté n'ont obtenu un plus noble triomphe! Eh bien! maintenant, pitié pour moi, Marie! vois mon repentir, mes remords!..

MARIE. Laissez-moi, monsieur!.. Bannissez pour jamais toute pensée d'un bonheur qui n'était pas fait pour nous.

LE GARS. Ecoute-moi!

MARIE. Efforts inutiles! à défaut d'autres obstacles, oubliez-vous qu'un fleuve de sang nous sépare?.. Adieu!

LE GARS. Non, tu ne m'échapperas pas ainsi!.. Un lien mystérieux nous enchaîne l'un à l'autre: en vain tu voudrais le rompre. Vivre et mourir ensemble, tel est mon sort et le tien.

MARIE. Mourir alors! Entends-moi bien, Alfred! Je devais fuir; mais je n'ai point de force contre un tel langage. Oui, tu m'aimes! je n'en veux plus douter; mais, malheureux l'un par l'autre, si le cœur de la pauvre orpheline est à toi, n'espère pas cependant...

LE GARS. Plus un mot, mon ange! laisse-moi m'enivrer de ce bonheur!

MARIE, *assise, à voix basse.* Alfred, je t'aime!... Mais, hélas! dans quel étrange asile le ciel reçoit-il nos premiers sermens?

LE GARS, *un moment rêveur.* Oui là-bas, derrière toi, une implacable ennemie; là, devant moi, ce misérable, ce Vanblas qui machine à prix d'or ma perte et ta honte... Oui, oui, sans doute, à l'amour il faut de doux ombrages, et la retraite et le repos; ou le monde, avec tout son tumulte et toutes ses joies enivrantes! et moi, pour flambeaux d'hyménée, j'ai les torches d'incendie; pour rivaux, un Vanblas et ses agens impurs; au lieu de dais étincelant d'or et de soie, c'est une voûte d'acier que j'ai placée sur ta tête. Mais vienne la mort au sein de tant de délices! Né parmi les dangers, grandi au milieu du sang et des pleurs, que notre amour accomplisse donc toute sa destinée!

MARIE. C'est le rêve d'un moment!

LE GARS. Une promesse écrite au ciel!

MARIE. Un piége tendu par l'enfer! sort fatal qui, dès le berceau, m'écrasa de sa main de fer!... Marquis de Vitré, dernier rejeton d'une race illustre, dernier soutien d'une cause qui n'a plus pour appui que votre force et votre génie, quittez une infortunée qui ne peut être à vous.

LE GARS. Tais-toi, tais-toi, Marie... — Ecoute: il n'est qu'un seul moyen de réparer mes torts et d'imposer silence à la calomnie. Cette nuit, j'ai reçu un message: la présence de Bonaparte suspend toutes nos opérations... et ce n'est pas avec cinq mille hommes isolés que je ferai ce que la Vendée n'a pu faire.

MARIE. Alfred, dis-tu vrai? vas-tu rendre à la France un de ses plus nobles enfans?

LE GARS. Je te le dis, Marie: jamais je ne signerai ni trêve, ni traité, avec ces misérables dont les lâches terreurs ont assez dégradé leurs propres soldats pour n'oser s'en fier à eux seuls du succès de la lutte engagée contre moi; mais Bonaparte! ce nom est une puissance! tout un avenir se crée à la pensée d'un tel homme... Quoi qu'il en soit, je pars pour l'Angleterre.

MARIE. Qu'entends-je!

LE GARS. Demain matin.

MARIE. O ciel!

LE GARS. Avec toi, toi, ma femme.... Eh bien! Marie, y consens-tu?

MARIE. Ah! c'est trop de bonheur!

LE GARS. Viens, suis-moi, suis ton époux, laissons ici nos tristes souvenirs, pour n'y repenser jamais... (*A part.*) Et Gilbert!... c'est ici, près de la roche de Saint-Léonard, que ce matin-même...

Il est interrompu par le cri de la chouette.

MARIE. Alfred, entends-tu?

LE GARS. Oui... c'est le signal d'alarme.

Nouveau cri; Marguerite paraît.

SCENE V.

LES MÊMES, MARGUERITE, *entrant vivement par la porte du fond, et la refermant au verrou.*

MARGUERITE. Ne sortez point encore, m'seigneur, vous êtes trahi et vendu.

MARIE. Grand Dieu!

MARGUERITE. Par qui?.. j'savons point... (*Montrant Marie.*) Mais j'ai entendu prononcer son nom.

MARIE. Que veut dire cette femme?

MARGUERITE. C'te femme dit que d'prétendus gars de Vitré sont v'nus ici à c'matin; c'sont des contre-chouins. Hélas! j'le disions bé à not' homme. Ils voulont vous prendre. J'avous donné le signal pour les nôtres qui sont dans l's environs; mais l'ont-ils entendu?... pourront-ils arriver à temps!.. (*Elle aperçoit Vanblas qui jette un regard dans l'intérieur.*) Et t'nez, voyez vous c'ti-là, qui n'prenons plus la peine de s' cacher.

Marie reconnaît Vanblas qui se retire vivement.

MARIE. C'est Vanblas! ô désespoir! il m'aura suivie... Alfred, c'est moi qui te perds!..

LE GARS. Cher ange, rappelle tes esprits. Rassure-toi... ils ne me tiennent pas encore. (*Indiquant le tableau de saint Labre.*) Marguerite, vois si le côté de la roche à Pic est occupé.

Marguerite tire une corde qui peud à côté du tableau; le tableau se déplace et découvre une issue secrète.

MARGUERITE. Non! ils auront cru vot' fuite par là impossible.

LE GARS. Elle est dangereuse; mais je la tenterai. Dans ces temps de trouble, nous avons dû nous ménager partout des moyens de retraite... (*Il approche une escabelle pour atteindre à l'ouverture.*) Retourne à Fougères... il le faut. Cette nuit, à la tour que tu habites et dont les abords me sont connus, un prêtre bénira notre union. Attends-moi. Si j'échappe à ce péril, à minuit, un feu allumé sur la roche de Saint-Léonard t'annoncera mon salut et l'arrivée de ton époux.

MARGUERITE, *à part.* Hum! il a tort de s'fier ainsi à elle.

DES VOIX, *en dehors.* Ouvrez, ouvrez!

LE GARS. Espoir! à cette nuit... adieu!

Il s'élance par l'ouverture et disparaît; Marguerite replace le cadre de Saint-Labre; bruit de crosses contre la porte.

MARGUERITE, *allant ouvrir.* Hé! on y va! on y va!

SCENE VI.

MARIE, MARGUERITE, VANBLAS, CONTRE-CHOUANS.

VANBLAS, *à la cantonnade, à la porte du fond.* Cernez bien la chaumière!.. (*Désignant Marguerite à ceux qui sont entrés avec lui.*) Emparez-vous de cette femme et veillez sur elle.

MARGUERITE. Ah! brigands, il sera sauvé maugré d'vous! entendez-vous bé!

Deux hommes l'entraînent au fond.

VANBLAS. Il est à nous, malgré toi, et tes bandits... (*A ses agens.*) Il est caché ici; cherchez partout.

Marie est tombée à genoux et prie. Vanblas s'approche d'elle.

VANBLAS, *d'un ton muscadin.* Vous avez mé'ité un çâtiment, ma cha'mante, pour avoir voulu sauver un rebelle... mais, ma petite pa'ole la plus saquée, je suis avec vous d'une faiblesse inc'oyable...

MARIE, *écoutant un bruit extérieur.* Paix!

VANBLAS. Ah! ah! vous attendez le secours des b'igands, à ce qu'il paraît... c'est zoli... c'est fort zoli... (*D'un ton naturel.*) Citoyenne Marie, votre mission ici est terminée, le gouvernement sera content de vous.

MARGUERITE, *à part.* Là!... c'est elle!.. j' m'en doutions!

MARIE. Lâche, tu veux en vain...

VANBLAS. Fort bien... (*A un agent.*) Reconduisez ma cousine à Fougères!

MARIE. Je veux...

VANBLAS. Partir... d'accord; vous n'êtes point ici à votre place.

MARIE, *à part.* Dehors, si je puis un moment distraire leurs regards... (*Haut.*) Partons!..

En passant devant Marguerite, elle lui tend la main; Marguerite détourne la tête; Marie étonnée la regarde, et s'éloigne.

SCENE VII.

VANBLAS, MARGUERITE, CONTRE-CHOUANS.

Un coup de feu dans le lointain.

VANBLAS. Un coup de feu!.. les chouans attaqueraient-ils les nôtres?.. (*A ses agens qui reviennent.*) Il est pris?.. allons, amenez-le-moi bien lié, bien garrotté...

UN AGENT, *celui du premier acte.* Rien!

VANBLAS. Mort et furies! il n'a pu fuir! Eh bien! pour le chasser de sa tanière, les grands moyens, mettez le feu à cette bicoque.

L'un des agens, une torche à la main, s'approche de la lampe; Marguerite pousse un cri et s'arrache des mains de ceux qui la tiennent.

MARGUERITE, *repoussant l'agent.* Brûler not' chaumière!.. n'approchez point!

VANBLAS. Dis-nous où est le Gars, et ta chaumière est épargnée, et je t'enrichis à jamais.

MARGUERITE. Non, non!

VANBLAS. Viens, viens... suis-moi!..

MARGUERITE. Non, non!.. (*Vanblas et l'agent ont saisi Marguerite; elle s'accroche à la corde qui retient le cadre. Le cadre tombe. Marguerite fuit en criant.*) Au secours! au secours!

Elle disparait.

SCENE VIII.

VANBLAS, CONTRE-CHOUANS.

VANBLAS. Damnation!.. par ici!.. nous le tenons. Quatre hommes par cette issue... que d'autres tournent la chaumière!

Cet ordre s'exécute.

SCENE IX.

VANBLAS, *seul, monté sur l'escabelle.*

Ferme! allons, courage!.. allez donc!.. (*Redescendant de l'escabelle.*) Voilà qui va bien! On tient plus que jamais à s'emparer de ce maudit Gars et à terminer d'un seul coup la guerre. Grâce à moi, on n'en parlera bientôt plus. Cette expédition me fera honneur. J'ai déployé une adresse, un sang-froid, un courage...

Coups de feu au-dehors.

CRIS EXTÉRIEURS. Au Gars! au Gars!..

VANBLAS. On attaque les nôtres!.. on se bat à deux pas d'ici!.. (*Regardant au fond.*) O ciel! nos gens fuient... ils sont attaqués de tous les côtés par les Chouans!.. Où me suis-je fourré?.. que faire? que devenir?..

Tremblant de frayeur, il cherche à se cacher : Vide-Piché, un pistolet au poing, paraît.

SCENE X.

VANBLAS, VIDE-PICHÉ.

Vanblas recule jusqu'à l'avant-scène, où il tombe à moitié mort de peur sur un escabeau; il n'oppose aucune résistance à Vide-Piché qui lui ôte ses armes, sa peau de bique et la coiffure qui le déguise.

VIDE-PICHÉ. Ah! ah! gâs de Vitré, Pierre Landru, dit Mène-à-Bien, m'expliquerez-vous la cause de tout c' grabuge-là? J' revenons de la ville; la citoyenne y rentre à moitié morte; le Gâs fuit d'ici..... il étions pris, si nos gâs de Saint-James n'étions venus à son secours et n'avions mis vos gens en débandade... Prétendu gâs de Vitré, dit Mène-à-Bien, vous m'avez trompé... v'z'êtes un coquin!

VANBLAS, *avec l'accent breton.* Mé? Mien doux Sauveur!.. j'puis bé t'jurer...

VIDE-PICHÉ. Paix, assassin! v's'êtes un espion!

VANBLAS. Eh bien! oui... je me nomme Vanblas, je suis riche, très-riche; au nom du ciel ne me tue pas!.. sauve-moi.

VIDE-PICHÉ. Non, citoyen Mène-à-Bien.

VANBLAS. Brave homme! respectable chouan! par pitié, par intérêt pour toi-même! à quoi te servira ma mort? je puis faire ta fortune!

VIDE-PICHÉ. Des mots! des mots!... vous m'avez compromis... perdu p't'être...

VANBLAS. En me tuant le seras-tu moins? (*Lui donnant tout ce qu'il a sur lui, bagues, chaîne d'or, montre, argent, etc.*) Tiens, tiens!.. encore!.. prends tout.

VIDE-PICHÉ. J'prends! à la bonne heure!

VANBLAS. Es-tu content?

VIDE-PICHÉ. Est-ce tout?

VANBLAS. Hélas! oui.

VIDE-PICHÉ. Eh mais! j'sis bé bête!.. est-ce que tout ça ne m'aurions point appartiendu quand je vous aurions ébu tué?

Il reprend son arme.

VANBLAS. Par la sainte Vierge d'Auray!

VIDE-PICHÉ. Alle nous c'mande d'vous tuer!

VANBLAS. Par saint Labre, ton patron!..

VIDE-PICHÉ. T'as voulu le brûler!... j'vas te brûler itou.

VANBLAS. Je te donnerai dix mille francs.

VIDE-PICHÉ. Non!

VANBLAS. Vingt mille francs!..

VIDE-PICHÉ, *même jeu.* Non!

VANBLAS. Trente mille francs!

VIDE-PICHÉ. Hein!.. trente mille francs!.. pas en papier?..

VAUBLAS. En or.

VIDE-PICHÉ. Mais qui me répondra?..

VANBLAS. Ma vie!.. jusqu'à ce que je sois acquitté je resterai chez toi en ôtage; Cache-moi seulement quelque part... Ta femme ira porter une lettre à Fougères, et on lui comptera la somme.

VIDE-PICHÉ. Eh bé! tope!..

VANBLAS. Excellent homme!.. (*A part.*) Ah! scélérat, si je te rattrape quelque part!..

VIDE-PICHÉ. Le bruit s'éloigne... le Gars n'a pus rin à craindre; j'pouvons bé... mais on peut venir...

VANBLAS. Eh! oui... cache-moi donc!.. songe que si l'on me trouvait chez toi...

VIDE-PICHÉ. Ça n'vaudrait rin pour nous deux. Quant aux trente mille francs...

VANBLAS. J'ai dit dix mille.

VIDE-PICHÉ. Trente mille!

VANBLAS. J'ai dit vingt mille.

VIDE-PICHÉ. Trente mille ou rin d'fait.

VAUBLAS. Arrête! trente mille! trente mille!

VIDE-PICHÉ. Et si demain j'n'les ai point, v's'êtes un homme mort.

VANBLAS. Tu les auras! cache-moi donc!

VIDE-PICHÉ, *lui indiquant le châlit.* T'nez, mirchez-vous là... derrière ces rideaux; vous pourrez vous blottir dans ce recoin; l'on n'vous soupçonnera point là.

VANBLAS. M'y voici; veille bien sur moi!

VIDE-PICHÉ. Comme sur mon trésor!... (*Se hâtant de cacher les habits de Vanblas, et de remettre en place le tableau de saint Labre.*) Maintenant faut que Marguerite arrive; j'l'enverrons d'abord expliquer à m'sieur Met-à-Bas la manigance des contre-chouins, pour tâcher qu'il n'me cherchions point noise là-dessus; pis, à la ville avec le billet du citoyen... Trente mille francs pour n'point l'tuer! y n'vaut point ça.

VANBLAS, *derrière le rideau.* Butor!

VIDE-PICHÉ. Non, vous n'valez point ça! (*A lui-même.*) Trente mille francs! queu fortune!.. j'achéterons la ferme de Coqsigrue, et pis la maison à Karkanbec... et pis c'te chaîne! et c'te montre!.. (*Il la secoue, elle s'arrête; il la porte à son oreille.*) Tiens! alle est morte!..

VANBLAS. Sauvage! une montre de Bréguet!

VIDE-PICHÉ. Veux-tu t'cacher! On vient... sans doute not'femme. (*Remontant la scène.*) Marguerite! ohé! viens donc!... j'voulons te dire... (*Il recule tout consterné en voyant Met-à-Bas et Petit-Renard.*) Ah!

SCENE XI.

VANBLAS, *caché,* VIDE-PICHÉ, MET-A-BAS, PETIT-RENARD.

Les deux chouans s'avancent en silence: Met-à-Bas imposant et glacé; Petit-Renard presque riant.

VIDE-PICHÉ, *tremblant.* C'est vous, m'sieur Met-à-Bas!

MET-A-BAS. Oui, c'est nous.

VIDE-PICHÉ. Bonjour, cousin Jean.

PETIT-RENARD, *affectueusement.* Bonjour, p'tit cousin Labre... comment t'en va?

MET-A-BAS. J'sommes fatigués... nous avons encore d'l'ouvrage...

VIDE-PICHÉ. Ah! et où ça donc, m'sieur Met-à-Bas?

MET-A-BAS. Ici.

VIDE-PICHÉ, *effrayé.* Ici!

PETIT-RENARD. Ici, p'tit cousin... et d'la bé disagriable ouvrage..... mais tu nous aideras, n'est-ce point?

VIDE-PICHÉ, *rassuré.* Bé volontiers.

MET-A-BAS. R'posons-nous un brin.

PETIT-RENARD. Oui, c'est ça... boutons-nous là... Oh! les jambes! les jambes!..

Vide-Piché se hâte d'essuyer une escabelle.

VIDE-PICHÉ. Mettez-vous là, m'sieur Met-à-Bas.

MET-A-BAS, *s'asseyant.* Bien.

VIDE-PICHÉ. Vous boirez bé un piché de cidre?

MET-A-BAS. Oui.

PETIT-RENARD. Un! deux.

VIDE-PICHÉ. J'ai là d'bon beurre frais et d'bon pain d'orge...

MET-A-BAS. Donne.

Vide-Piché les sert avec empressement.

MET-A-BAS, *buvant.* Bon cidre!

PETIT-RENARD, *la bouche pleine.* En v'là du beurre! ah! t'as du talent, cousin, t'en as! bon cher ami, va, j't'aimons bé.

VIDE-PICHÉ, *reprenant courage.* Et moi donc!.. bois donc, cousin Jean.

PETIT-RENARD. Verse, cousin Labre.

VIDE-PICHÉ. J'allions vous trouver, m'sieur Met-à-Bas.

MET-A-BAS. Ah!

VIDE-PICHÉ. Pour vous dire...

MET-A-BAS. Quoi?

VIDE-PICHÉ. En m'en r'venant d'la ville j'avons apprins que not' Gâs avions manqué d'être pris.

MET-A-BAS. Sans nous il l'étions.

PETIT-RENARD. Il l'étions. Grâce à Nôtre-Dame-d'Auray, j'sommes arrivés à temps.

VIDE-PICHÉ. Jésus! Et il est bé sauvé?

MET-A-BAS. Oui.

PETIT-RENARD. Pas un cheveu n'li manque, à c'pauvre cher homme.

VIDE-PICHÉ. J'ons toujours pensé que sa belle lui porterions malheur!..

MET-A-BAS. Oui, alle... et d'autres.

VIDE-PICHÉ. D'autres!.. qui donc?

MET-A-BAS. Acoute. Des espions s'étions mis en contre-chouins et li avions dressé un' embuscade.

VIDE-PICHÉ. Où donc?

MET-A-BAS. Ici!

VIDE-PICHÉ. Ici!

PETIT-RENARD. Ici, p'tit cousin.

MET-A-BAS. Un traître étions d'intelligence aveuc eux...

VIDE-PICHÉ. Un traître!..

MET-A-BAS. Et c'traître, c'est té.

VIDE-PICHÉ. Mé!..

PETIT-RENARD. Té, mein bon ami..... n'faut pas nier.

VIDE-PICHÉ. Oh! m'sieur Met-à-bas! ô mon cousin Jean! je puis bé vous jurer!..

MET-A-BAS. Paix! tu mens.

PETIT-RENARD. Oh! p'tit cousin, c'est bé mal d'mentir. Ne jure pas, cousin, c'est un péché! tu sais ça té, qué un savant et qui servons la messe.

VIDE-PICHÉ. Oh! non! non! vous n'le créyez point.

MET-A-BAS. Nous le créyons.

VIDE-PICHÉ. Mé, trahir not' Gâs, mes frères, m's'amis!.... oh! non! non! vous n'le créyez point.

MET-A-BAS, *froidement.* Nous le créyons. Acoute : quand t'as demandé la surveillance d'Fougeares et la garde de c'te chaumiare, t'as juré sur le saint Évangile, sur ta vie, de protéger la sûreté du Gâs... et c'est chez té qu'y manquions d'être pris ou tué!... c'est chez té que les contre-chouins étions établis et cachés! Tu connais nos lois... sentinelle négligente ou chouin infidèle, t'as mérité une punition sévare... et tu sais comment nous punissons les traîtres ou les mauvais soldats.

PETIT-RENARD. Tu le sais, p'tit cousin; m'sieur Met-à-Bas t'a parlé là en ami, en véritable ami.

VANBLAS, *à part.* O ciel! et moi, que vais-je devenir?

VIDE-PICHÉ, *tombant à genoux.* Ah! bon saint Labre, mon patron! je vous prends à témoin que j'ignorions...

MET-A-BAS. T'ignorais?.... Eh bé! ose jurer... non point devant ton saint Labre; il n'est point mon patron, à mé, mais sur l'Évangile... (*Il indique le livre de prières.*) qu'tu n'as rin à t'reprocher, ni négligence, ni trahison. L'oseras-tu, au prix de ton ame et de ta part du saint paradis?

VIDE-PICHÉ. Oui! je l'oserons, je l'jurerons, je l'prouverons! j'sis innocent!

MET-A-BAS. Prouve-le donc!.. et jure... (*Il prend le livre de prières et fait tomber à terre la bourse que Marie a placée dessous.*) Ah! de l'or!..

PETIT-RENARD, *s'élançant dessus.* De l'or!... (*Il ouvre la bourse.*) Hé! oui, de l'or... des jaunets...

MET-A-BAS. Bonapartistes!

VIDE-PICHÉ. Ils n'sont point à mé!.. je n'connaissons point ça...

MET-A-BAS. Menteur! traître!.... j'suis sûr d'en trouver d'autres sur té.

PETIT-RENARD. D'autres!.... Oh! p'tit cousin, prête-nous ça pour voir.

Ils se jettent sur Vide-Piché : les bijoux de Vanblas sont bientôt entre les mains de Petit-Renard.

MET-A-BAS. Encore d'l'or!.. des bijoux!.. Menteur! traître! nieras-tu maintenant qu't'aies reçu l'prix de ton crime et de ton infâme trahison?...

VIDE-PICHÉ, *éperdu.* O m'sieur Met-à-Bas! ô mon bon cousin!... grâce! n'me tuez point... Vous saurez tout.

PETIT-RENARD, *empochant l'or et les bijoux.* Nous en savons bé assez... Oh! fi! cousin, fi! tu déshonores ta famille.

VIDE-PICHÉ. Non, non, j' n'ai point trahi!

MET-A-BAS, *tirant une corde de sa poche.* Paix! tu diras le reste au bon Dieu.

VIDE-PICHÉ. Au nom de la sainte Vierge, acoutez-moi!

MET-A-BAS. Non!

VIDE-PICHÉ. Qu' j'embrassions not' femme, mon p'tiot gâs!

MET-A-BAS, *lui attachant les bras.* Non!

PETIT-RENARD. Non, cousin. ça t' ferait trop de peine. Voyons! laisse-té donc faire.

VIDE-PICHÉ. Le temps de m'reconnaître!

MET-A-BAS. Non, traître! tu ne l'aurais pas laissé au Gâs.

VIDE-PICHÉ. Par pitié!..

PETIT-RENARD. Sois donc bon enfant!

MET-A-BAS, *saisissant son couteau.* T'as mérité la mort!.. tu vas la recevoir.

VIDE-PICHÉ. Au secours!.. citoyen Vanblas! j'vous tiens quitte... au secours!

Il se précipite dans la chambre à gauche.

MET-A-BAS, *à Petit-Renard.* Tu l'entends!.. il appelle nos ennemis à son secours! qu'ils viennent donc le délivrer!

Il s'élance sur les pas de Vide-Piché. Court silence, puis un bruit sourd; Met-à-Bas reparaît.

SCÈNE XII.

MET-A-BAS, PETIT-RENARD, VANBLAS, *toujours caché.*

MET-A-BAS. Viens!

PETIT-RENARD. Et la patronne?.. Alle nous avait envoyés pour tuer la citoyenne.

MET-A-BAS. A une autre fois. Nous avons fait un' autre besogne... c'est le ciel qui l'a voulu ainsi.

PETIT-RENARD. La v'là!

SCENE XIII.

LES MÊMES, Mme DE MONTBRIANT.

Mme DE MONTBRIANT, *entrant rapidement.* Eh bien! suis-je vengée? (*Examinant la figure froide et sévère des chouans.*) Oui?

MET-A-BAS. Non.

Mme DE MONTBRIANT. Non, misérables!

MET-A-BAS. Des contre-chouins étions ici... L' Gâs a failli être pris; nous l'avons sauvé, et l'un des traîtres est là...

Mme DE MONTBRIANT, *allant à la porte à gauche.* Ah!.... le mari de Marguerite!..

MET-A-BAS. Il avions vendu le Gars aux contre-chouins.

Mme DE MONTBRIANT. Ainsi de toutes parts

la trahison nous environne... et Marie vit encore!..

MET-A-BAS. Alle est condamnée.

Mme DE MONTBRIANT. Mais lui, il l'aime plus que jamais! il est prêt à lui sacrifier sa vie, son honneur.

MET-A-BAS. Alle est condamnée!

Mme DE MONTBRIANT. Comment l'atteindre?

On entend au dehors la voix de Marguerite.

MARGUERITE, *hors scène.*

Rev'nez vite, la belle,
Auprès de vot'époux.
Le v'là qui vous appelle;
Prenez bé garde à vous!
Il est bon gâs fidèle;
Acoutez bé, la belle :
Mais c'est un gâs jaloux...
Prenez garde à vous!
Prenez garde à vous!

PETIT-RENARD. V'là Marguerite qui accourt toute joyeuse de not' victoire.

SCENE XIV.

LES MÊMES, MARGUERITE.

Ah! madame cheux nous! Eh bé? notre Gâs? il est sauvé? Ah! comme j'avons ébu peur pour lui!... Bonjour m'sieur Met-à-Bas; bonjour, cousin Jean... Not' homme n'est-il point revenu? Eh bé! quoi donc?.. est-ce qu'y lui serait arrivé queuque malheur?... Répondez-mé donc!.. (*Morne silence; ses yeux s'arrêtent sur la porte à gauche*) Ah! du sang!...

Elle s'élance dans la chaumière à gauche.

Mme DE MONTBRIANT. Fuyez! fuyez donc, malheureux! ôtez-vous de ses regards! (*Ils s'éloignent et s'arrêtent au-dehors.*) Et moi? Ah! quittons ce séjour d'horreur!...

Elle va pour s'éloigner aussi; Marguerite reparaît.

SCENE XV.

Mme DE MONTBRIANT, MARGUERITE, VANBLAS, *caché.*

MARGUERITE Qui a tué mein homme? l'pare de m'n enfant! Les chouins... Piarre était ici...

Mme DE MONTBRIANT. Ce sont les contre-chouans! entends-tu? Ils sont venus ici ce matin, appelés par cette femme perfide...

MARGUERITE. Alle!.... il s' pourrait!... Ah! je l'avions bé dit...

Mme DE MONTBRIANT. Le Gars leur a échappé... il leur a fallu une victime.

MARGUERITE. Et c'te femme... nous l'avions gardée, sarvie... Ah! mein pauvre homme!.. et tein patron ne t'a point défendu! Ah! madame, il faut que j'vengions not' homme... il faut que j' tuions la bleue!

Mme DE MONTBRIANT. Mais elle a fui.... elle nous échappe!

MARGUERITE, *tombant sur un siége.* On peut l'atteindre... oui... cette nuit... Ah! ma pauvre tête! Aidez-mé donc!... C'te nuit... un feu... sur la roche d'St-Léonard...

Mme DE MONTBRIANT. Un signal?

MARGUERITE. Ah! oui... je m'en souvenons... c'est un signal... à minuit il viendra la trouver à Fougeares, à la tour du Papegaut... Cette nuit alle sera sa femme.

Mme DE MONTBRIANT. Ah! malheureuse!

VANBLAS, *à part.* Est-il possible!

Mme DE MONTBRIANT. A minuit? chez elle?

MARGUERITE. O mein Dieu! prenez pitié de la pauvre veuve!

Mme DE MONTBRIANT, *à elle-même.* Il l'enlève! il m'abandonne pour jamais! (*A Marguerite.*) Il faut sauver le Gars de lui-même.

MARGUERITE. Il faut tuer la bleue!.. (*Jetant autour d'elle des yeux égarés.*) Et m'n enfant... où est-il? Je l'avons laissé un moment pour appeler du secours... L'ont-ils tué aussi? mon fieu! m'n enfant!...

Elle s'élance hors de la chaumière.

Mme DE MONTBRIANT. Pierre! (*Met-à-Bas et Petit-Renard reparaissent à la fenêtre du fond.*) Suivez Marguerite.

MET-A-BAS, *à voix basse.* Je ne la quitterons point, et soyez sûre que jusqu'à c'te nuit alle ne pourra parler ni au Gâs, ni à personne.

Tous trois s'éloignent.

SCENE XVI.

VANBLAS, *seul.*

VANBLAS, *sortant de sa cachette.* Quelle horrible journée! à quel péril j'échappe! Si l'on me reprend jamais à baragouiner le bas-breton! Mais hâtons-nous de fuir.

Gilbert paraît.

SCENE XVII.

VANBLAS, GILBERT.

VANBLAS. Ah!... c'est fait de moi!..

GILBERT, *son épée sous le bras.* Vous ici?

VANBLAS, *levant la tête.* Le capitaine?... Digne ami, nous veniez à mon secours?

GILBERT. Parti de Florigny au jour naissant, j'ai entendu de loin quelques coups de feu... Que s'est-il donc passé?

VANBLAS. Des horreurs!

GILBERT. Ainsi le Gars?..

VANBLAS. En fuite.

GILBERT, *à part.* Honte sur moi! j'arrive trop tard...

VANBLAS. Venez; je vous raconterai tout. Le Gars m'est encore échappé... mais, cette nuit je le tiens dans Fougères!

Ils sortent.

Deuxième Tableau.

Le théâtre change et représente l'esplanade sur laquelle sont bâtis le manoir seigneurial des comtes de Bauvan et la vieille tour du *Papegaut*, qui en dépend. La partie inférieure de la tour se compose d'une salle basse, entièrement ouverte par une coupe supposée en face du public. Cette salle basse communique au manoir par une petite porte placée au fond, en face des spectateurs; à droite, elle est censée conduire à l'oratoire de la famille Bauvan; à gauche, une seconde porte ouvre sur la scène. L'esplanade domine la ville de Fougères et la vallée du Nançon, au-delà de laquelle s'élève le rocher de Saint-Léonard, où l'on voit la cabane de Vide-Piché. Au fond un chemin qui conduit à la ville; à droite, un autre passe derrière le manoir; à gauche, au premier plan, un sentier escarpé.

SCENE XVIII.

GILBERT, *seul.*

Nuit complète. L'horloge de la paroisse de Fougères sonne une demie.

CRIS DES SENTINELLES, *au loin.* Sentinelles, prenez garde à vous!

GILBERT. Personne!... excepté cette sentinelle placée au sommet de la tour. Vanblas sera bientôt ici, pour épier et saisir sa proie. Dans le trouble qui l'agitait, il m'a tout raconté, en me faisant jurer de ne rien dire au commandant qui lui ravirait sa victime. Mais je n'ai pas fait serment de la lui laisser, moi! Moi, que cet insolent rival... Qu'ai-je dit? O Marie, que ce triste secret de mon cœur y rentre pour n'en sortir jamais!... (*En ce moment brille tout-à-coup sur la roche de Saint-Léonard le feu allumé par Marguerite.*) Ah! le signal! Il va venir... ne se doutant guère que les siens même l'auraient conduit à sa perte, si son ennemi ne veillait pour son salut!

Paraît le Gars.

SCENE XIX.

GILBERT, LE GARS.

Le Gars entre en scène par le sentier à gauche.

LE GARS. Aucun bruit! bien. Les prudens conseils de Bauvan et plus encore l'impatience de mon amour m'ont fait devancer l'heure... Arrivés ici avant moi par un autre sentier, le comte et l'abbé auront prévenu Marie.

Il introduit la clef dans la serrure.

GILBERT, *à lui-même, au fond.* A minuit, m'a dit Vanblas... Attendons... On ouvre la porte de la tour...

LE GARS. Cet hymen aventureux m'enchante; entouré de tous mes ennemis, leur enlever ainsi leur plus précieux trésor!...

GILBERT. Que vois-je!... c'est lui!...

LE GARS. Entrons.

GILBERT. Hâtons-nous! (*Il marche vers la tour; la porte s'est refermée. Le Gars traverse la salle basse, et disparaît par la porte du manoir.*) C'est manquer à mon devoir peut-être... mais agir autrement, c'est trahir mon honneur... N'hésitons plus.

Il va frapper à la porte de la tour.

SCENE XX.

GILBERT, BELJAMBE, PATROUILLE; *puis* RABAUD.

Beljambe, à la tête d'une patrouille, entre par le chemin à gauche.

BELJAMBE. Halte à la troupe! Nous v'là sur l'esplanade. Parbleu! en attendant que l'vieux Rabaud nous rattrape, ça ne serait pas si bête de jaser un peu avec ma parsonnière. Voyons, roucoulons-lui la romance; ça la fera venir... Hum! hum!... là, quelque chose de sentimental... hum! hum!..

Su' l' port, avec Manon, z'un jour,
J' l' engeolais, en façon d'amour...

GILBERT, *allant vivement à Beljambe.* Veux-tu bien te taire!

BELJAMBE. Oui, mon capitaine!

RABAUD, *entrant par le chemin à gauche.* Quel est donc le rossignol d'Arcadie qui se permet de brailler en patrouille?

GILBERT, *à part.* Le commandant!..?

RABAUD, *agitant sa canne.* Il mériterait vingt coups de mon éventail à bourriques. Ah! c'est toi, Gilbert? tu fais ta ronde aussi? as-tu néant au rapport?

GILBERT, *hésitant.* Mais... mon commandant..... je n'ai rien vu qui méritât...

RABAUD. Ah! tu n'as rien vu? Va te coucher, mon fils, va te coucher... car aussi bien tu as déjà mis tes yeux dans ton bonnet de police... (*Lui montrant le feu de la roche Saint-Léonard.*) Tiens, regarde, et dis-moi s'il y a de quoi z'allumer ma pipe.

GILBERT. Ce feu qui s'éteint sur la roche de Saint-Léonard?

RABAUD. Oui.

Rabaud, Gilbert et Beljambe remontent la scène, les yeux fixés sur la roche de Saint-Léonard.

SCENE XXI.

LES MÊMES, *au fond* LE GARS, MARIE, BAUVAN, JULIETTE.

La porte de la salle basse, en face du public, s'ouvre. Entrent le Gars, Marie, Bauvan et Juliette.

BAUVAN, *indiquant la coulisse à droite au premier plan.* Oui, madame, c'est là, dans l'ancien oratoire de ma famille, que Juliette a tout préparé par mon ordre.

MARIE. Et vous avez voulu servir de père à l'orpheline ?..

LE GARS. On ne peut réparer plus noblement ses torts. (*A Marie.*) L'abbé nous attend. Viens, ma bien-aimée... venez, madame de Vitré. Juliette, continuez les préparatifs du départ.

Le Gars, Marie et Bauvan sortent par la première coulisse à droite. Juliette rentre dans le manoir.

SCENE XXII.

RABAUD, GILBERT, BELJAMBE, PATROUILLE.

Rabaud, Gilbert et Beljambe redescendent la scène.

RABAUD. Je parierais que c'est un signal du Gars à ses bandits... M. de Vanblas nous dirait peut-être ça au juste. Mais cet excellent homme est invisible depuis cet après-dîner, et la seule communication que sa fatuité sérénissime ait jugé à propos d'avoir avec moi est un ordre positif de l'autorité de ne point gêner ses opérations. Que le diable les enlève! Ah! mon garçon, si Napoléon était bon enfant, il m'enverrait me faire casser la tête dans quelque autre coin de l'Europe.

GILBERT. C'est mon vœu le plus ardent.

RABAUD, *regardant une fenêtre du manoir.* Ah! ah! il paraît que la citoyenne Verneuil n'est pas encore couchée. Tant mieux, je vais aller lui rappeler qu'à la pointe du jour elle retourne à Paris.

GILBERT. Hé ! mon commandant, on ne dérange pas les dames à une telle heure!

RABAUD. Bah! bah!

SCENE XXIII.

LES MÊMES, LE LIEUTENANT, *accourant.*

LE LIEUTENANT. Commandant! commandant, je vous cherchais partout...

RABAUD. Excepté où j'étais... Quoi de nouveau?

LE LIEUTENANT. Un courrier arrive à l'instant même de Paris.

RABAUD. Ah bah!

LE LIEUTENANT. Il vous apporte des dépêches qu'il faut, dit-il, ouvrir sur-le-champ.

RABAUD. Je te suis. (*A Gilbert.*) Je rentre à l'instant chez moi, mon fils; fais mes adieux à la citoyenne, et achève ma ronde. (*A Beljambe.*) Toi, tu vas continuer ta patrouille, et t'assurer que toutes nos sentinelles sont bien éveillées... (*A Gilbert.*) Ce feu me chiffonne l'esprit..... attends, Lasalle... (*Plaçant ses deux mains en entonnoir devant sa bouche.*) Ohé! de la vigie!...

UNE VOIX, *descendant du cintre.* Ohé!

RABAUD. Y a-t-il quelque autre feu que celui de la roche Saint-Léonard?

LA VOIX. Non, commandant.

RABAUD. Les chouans sont forts pour les coups de main nocturnes. (*A Gilbert, montrant le chemin à droite et le sentier à gauche.*) Il faut décidément faire battre soigneusement ces deux sentiers qui vont au Nançon...(*montrant à droite*) surtout celui-ci. Viens, je vais te montrer où nous pourrons y placer un piquet. (*A tous.*) En route.

Ils sortent par la droite; Gilbert les suit quelques instans. On voit se rouvrir la porte de la salle basse. Juliette y reparaît; sortent de l'oratoire le Gars, Marie et Bauvan.

LE GARS. Marie, l'autel a donc reçu nos sermens!

MARIE. A toi! pour toujours à toi!

JULIETTE. N'avez-vous pas entendu la voix du commandant?

LE GARS. Qu'avons-nous à craindre? Qui peut savoir, excepté vous, mes amis, et ma fidèle Marguerite, que je suis à cette heure dans Fougères?

BAUVAN. Il est vrai; mais cependant hâtons-nous d'en sortir.

LE GARS. Mes équipages ne nous attendront qu'au point du jour, sur la route de Florigny. (*A Bauvan.*) Allons, rentrons chez vous, mon cher comte.

Ils vont rentrer dans le manoir; Gilbert reparaît; il frappe à la porte de la tour.

SCENE XXIV.

LES MÊMES, GILBERT.

GILBERT, *en dehors.* Ouvrez! ouvrez sans crainte!

MARIE. C'est la voix de Gilbert!

LE GARS. Que peut-il vouloir à cette heure!...

BAUVAN, *bas au Gars.* Fuyez!...

LE GARS. Sans elle!... non.

GILBERT. Ouvrez! il y va de la vie..... M. de Vitré est ici, et je l'adjure sur l'honneur de paraître.

LE GARS. Le capitaine est un digne soldat, il est incapable de livrer un ennemi sans défense... (*Il ouvre la porte, et se présente devant le capitaine. Marie l'a suivi.*) Me voici, capitaine! Je confie à votre loyauté le sort de madame de Vitré et de son époux.

GILBERT. Son époux!...

LE GARS. Oui... Ami ou ennemi, que voulez-vous de moi?

GILBERT. Quittez ces lieux où une mort sans gloire vous attend... Vanblas sait que vous êtes ici... Demain vous seriez livré à la hache du bourreau.

MARIE. Grand Dieu!

GILBERT. Dans un moment des patrouilles nombreuses parcourront tous ces sentiers... Le temps presse.

MARIE. Hâtons-nous de suivre les conseils du plus généreux des hommes.

GILBERT, *montrant la droite*. Voyons d'abord si ce chemin est encore libre et si rien ne peut s'opposer à votre fuite.

LE GARS. Je vous suis... Va, Marie... (*A Bauvan et à Juliette.*) Mes amis, préparez-vous à me suivre.

Marie, Bauvan et Juliette rentrent dans le manoir.

GILBERT. Ce matin, je le sais, vous n'avez pu tenir votre parole; mais demain...

LE GARS. Ah! qu'exigez-vous maintenant, Gilbert?... Vous, mon sauveur!...

GILBERT. Vous avez laissé massacrer mes frères d'armes, et vous nous enlevez Marie!... C'est demain, monsieur, que, libre et l'épée à la main, vous m'attendrez à la Vivetière.

LE GARS. Vous avez ma parole... A demain! Tous deux, capitaine, nous ferons notre devoir.

Ils sortent par la droite.

SCENE XXV.

VANBLAS, AGENS *de Vanblas*; *puis* MET-A-BAS, PETIT-RENARD, CHOUANS.

Minuit sonne : on voit paraître au haut du sentier qui mène à la ville Vanblas et ses agens.

VANBLAS. Neuf... dix... onze... minuit! Enfin c'est minuit... Le Gars doit en ce moment gravir l'un des sentiers qui du Nançon conduisent à cette esplanade. Dans un moment à vous la récompense, camarades... (*Prêtant l'oreille.*) Mais, tenez... n'entendez-vous pas marcher dans ce chemin? (*Il indique le sentier à gauche.*) Oui... une pierre vient de rouler sous les pieds de quelque lourdaud de gars. Cachez-vous!

Vanblas et ses hommes montent sur un des rochers qui bordent l'esplanade à gauche; Met-à-Bas et Petit-Renard montrent leurs têtes au haut du sentier qui est à gauche.

PETIT-RENARD. Ohé! dis donc, m'sieur Met-à-Bas, la patronne nous suit-elle?

MET-A-BAS. Oui... Quel est le méchant gars qu'a fait rouler une piarre jusque dans l'iau du Nançon!

PETIT-RENARD. C'est mé. C'est pas ma faute... pour ça j'ons dit au moins deux pater et deux ave.

MET-A-BAS. Ça peut nous faire prindre... Tu mériterais bé que je t'envoyisse avec la piarre. Chut! v'là la patronne!

SCENE XXVI.

LES MÊMES, Mme DE MONTBRIANT.

Mme de Montbriant porte le chapeau militaire et le manteau du premier acte, semblables à ceux du Gars.

Mme DE MONTBRIANT. Pierre, es-tu là?

MET-A-BAS. Me véci!

Mme DE MONTBRIANT. Bien. Vous êtes prêts?

MET-A-BAS. Oui... Tuer la bleue, enlever le Gars malgré li-même ou périr avec li!

Mme DE MONTBRIANT. Restez là, et soyez attentifs à mon signal... Viens, Pierre.

Mme de Montbriant, suivie de Met-à-Bas, traverse la scène. Vanblas l'aperçoit et la prend pour le Gars.

VANBLAS, *à ses agens*. Le voici!... Voyez! il marche vers la tour!... Ma foi, il vaut mieux en finir une bonne fois..... Feu!

Les agens tirent sur la comtesse et sur Met-à-Bas. La comtesse seule tombe morte. Met-à-Bas aperçoit Vanblas.

MET-A-BAS. Ohé! les gars!.... A mé, à mé!... Ah! brigand!

Il s'élance sur le rocher où est Vanblas, le saisit et le jette du haut en bas du rocher. Petit-Renard a enfoncé la porte de la tour.

SCENE XXVII.

LES MÊMES, SOLDATS, CHOUANS, LE GARS, GILBERT, MARIE, BAUVAN, JULIETTE, BELJAMBE, AGENS, HABITANS, ETC.; *puis* RABAUD.

Des chouans ont paru de toutes parts : Beljambe et les soldats s'élancent en scène. Marie court dans les bras du Gars, qui est rentré avec Gilbert, et que des soldats menacent de leurs baïonnettes, aux pieds de Cécile de Montbriant.

RABAUD, *paraissant*. Arrêtez! Habitans de Fougères, je viens de recevoir un décret d'amnistie! Napoléon Bonaparte est nommé empereur des Français.

TOUS. Vive l'empereur!...

RABAUD, *au Gars*. Citoyen Vitré, l'empereur vous demande à Paris. Il réunit à lui tous les partis; il n'en veut qu'un seul, celui de la gloire nationale. On peut, je crois, sans trahir se rallier à celui-là! c'est avec celui-là qu'on bat l'étranger.

LE GARS, *à Rabaud et à Gilbert*. Désormais je jure de ne plus porter les armes contre une cause qui compte parmi ses défenseurs des hommes tels que vous deux; et, dans les dangers qui menacent encore la France, je n'oublierai pas qu'un Français qui s'exile est un soldat de moins!

TABLEAU GÉNÉRAL. La toile tombe.

PARIS. — IMPRIMERIE DE Ve DONDEY-DUPRÉ.

www.ingramcontent.com/pod-product-compliance
Ingram Content Group UK Ltd.
Pitfield, Milton Keynes, MK11 3LW, UK
UKHW021037180726
13838UKWH00004B/1853

9 782329 466170